EINFACH GUT

INES TEITGE (HRSG.)

QUICHE UND TARTE

Inhalt

Zu diesem Buch _____ 3

Teige _____ 4
Quiches _____ 8
Tartes _____ 22
Andere pikante Kuchen _____ 42

Rezeptverzeichnis _____ 64

Zu diesem Buch

Liebhaber französischer Spezialitäten müssen nicht gleich eine Urlaubsreise nach Frankreich machen, um Quiches, Tartes & Co. genießen zu können. Mit den richtigen Zutaten und einem guten Backofen lassen sich diese herzhaften Kuchen leicht selbst backen. Es gibt mehrere Gründe dafür, sie zu den unterschiedlichsten Gelegenheiten und zu allen Tageszeiten auf den Speiseplan zu setzen.

Quiches und Tartes sind einfach vorzubereiten, so daß man sie vor dem Essen nur noch in den Backofen schieben muß, außerdem problemlos einzufrieren und wieder aufzubacken. Belag und Füllung kann man vielfältig abwandeln, so daß sich für jeden Geschmack ein geeignetes Rezept findet. Die Bandbreite reicht dabei vom deftigen Speckkuchen bis zur feinen Krabbentarte. Als kleines Mittagessen, aber auch als Vorspeise, zum Brunch, beim Picknick, als Abendessen oder als hübsch verpacktes Geschenk sind Quiches und Tartes eine allzeit willkommene Köstlichkeit.

Die Quiches haben ihren Ursprung in einer Spezialität aus Lothringen, einem Kuchen aus pikantem Mürbeteig, belegt mit Räucherspeck und Schweizer Käse. Unter einer Tarte (frz. tarte = Torte) verstand man anfänglich eine flache Torte aus süßem Mürbeteig mit einem Belag aus Obst. Die pikanten Tartes entstanden durch die Experimentierfreude eines Kochs, der eines Tages einen Teigboden ohne Zucker herstellte und die Tartes mit herzhaften Belägen versah.

In diesem Buch finden Sie Grundrezepte für Teige und eine Vielzahl von Anregungen für Belag und Guß.

Zum Backen können neben speziellen Tarte- und Quicheformen auch Springformen verwendet werden. Wenn im Rezept nicht anders angegeben, sollte die Form einen Durchmesser von 24 bis 26 cm haben.

Alle Rezepte sind für 4 Personen berechnet. Bei jedem finden Sie Kalorienangaben, eine Geschmackscharakteristik und einen Hinweis zum erforderlichen Zeitaufwand, wobei die Zubereitungszeit sämtliche Vorbereitungs- und Garzeiten umfaßt:

braucht Zeit = Zubereitungszeit $1/2$ bis $1\,1/2$ Stunden.
zeitintensiv = Zubereitungszeit mehr als $1\,1/2$ Stunden.

Bei der Zubereitung gehen wir davon aus, daß Gemüse und Kräuter geputzt und gewaschen sind. Daher werden diese Arbeitsgänge in den Rezepten nicht mehr eigens erwähnt.

Back- und Temperaturangaben beziehen sich auf einen Elektroherd. Wenn nicht anders angegeben, werden die Kuchen auf der mittleren Einschubleiste gebacken.

Abkürzungen:

EL	= Eßlöffel (gestrichen)
TL	= Teelöffel (gestrichen)
Msp.	= Messerspitze
TK-…	= Tiefkühl-…
l	= Liter
ml	= Milliliter
kg	= Kilogramm
g	= Gramm
P.	= Päckchen
kcal	= Kilokalorien
ca.	= circa
Min.	= Minute(n)
Std.	= Stunde(n)
°C	= Grad Celsius

Alle Rezepte sind für **4 Personen** berechnet. Die **Kalorienangaben** beziehen sich immer auf **1 Portion**. Im Kapitel »Teige« ist jeweils die Gesamtkalorienmenge angegeben.

TEIGE

Als solide Grundlage benötigen Quiches, Tartes und viele andere pikante Kuchen einen Boden. Der klassische Teigboden für Quiches und Tartes ist aus Mürbeteig. Ebenso geeignet sind jedoch Hefeteige, Quark-Öl-Teige oder Blätterteige. Wer kräftig schmeckende Vollkornteige bevorzugt, sollte sich für einen Vollkornhefe- oder Vollkornmürbeteig entscheiden.

Gekneteter Hefeteig

▦ Zubereitungszeit: ca. $^1/_2$ Std.

▦ Zeit zum Gehen: ca. 1 Std.

▦ insgesamt ca. 1740 kcal

> 400 g Mehl
> 30 g frische Hefe, 1 EL Zucker
> $^1/_4$ l lauwarmes Wasser
> $^1/_2$ TL Salz, 2 EL Öl

1. Das Mehl in eine Schüssel sieben, eine Mulde hineindrücken, Hefe hineinbröseln und Zucker darüberstreuen. Wasser dazugießen, das Ganze abdecken und mindestens 30 Minuten an einem warmen Ort gehen lassen.

2. Salz und Öl dazugeben, alles zu einem glatten Teig verarbeiten und nochmals 30 Minuten an einem warmen Ort gehen lassen.

3. Den Teig auf einer bemehlten Arbeitsfläche kräftig durchkneten.

Hinweis:
Der ganze Teig reicht für ein Backblech, die halbe Menge für eine Spring-, eine Pie- oder eine Quicheform (24 oder 26 cm Ø).
(auf dem Foto oben)

Gebröselter Hefeteig

Zubereitungszeit: ca. $^1/_2$ Std.

Zeit zum Gehen: ca. $^1/_2$ Std.

insgesamt ca. 2610 kcal

400 g Mehl
1 P. Trockenhefe
1 $^1/_2$ TL Salz
1 EL Zucker
100 g Butter oder Margarine
1 Tasse lauwarme Milch
2 EL Öl

1. Das Mehl auf eine Arbeitsfläche sieben, eine Mulde hineindrücken, Hefe, Salz und Zucker hineinstreuen. Die Butter oder die Margarine in Flöckchen auf das Mehl setzen. Das Ganze mit den Händen zu Bröseln verarbeiten.

2. Milch und Öl dazugeben, alles zu einem glatten Teig verkneten und diesen 30 Minuten gehen lassen.

Hinweis:
Der ganze Teig reicht für ein Backblech, die halbe Menge für eine Spring-, eine Pie- oder eine Quicheform (24 oder 26 cm Ø).
(auf dem Foto unten: links)

Vollkornhefeteig

Zubereitungszeit: ca. $^1/_2$ Std.

Zeit zum Gehen: ca. 1 Std.

insgesamt ca. 1470 kcal

400 g Weizenvollkornmehl
30 g frische Hefe
1 EL Zucker
$^1/_4$ l lauwarmes Wasser
$^1/_2$ TL Salz
2 EL zerlassene Butter oder Margarine

1. Das Mehl in eine Schüssel sieben, eine Mulde hineindrücken, Hefe hineinbröckeln und Zucker darüberstreuen. Wasser dazugießen, das Ganze abdecken und mindestens 30 Minuten an einem warmen Ort gehen lassen.

2. Salz und zerlassenes Fett dazugeben, alles zu einem glatten Teig verarbeiten und nochmals 30 Minuten an einem warmen Ort gehen lassen.

3. Den Teig auf einer bemehlten Arbeitsfläche kräftig durchkneten.

Hinweis:
Der ganze Teig reicht für ein Backblech, die halbe Menge für eine Spring-, eine Pie- oder eine Quicheform (24 oder 26 cm Ø).
(auf dem Foto unten: rechts)

Mürbeteig

- Zubereitungszeit: ca. $^1/_4$ Std.
- Zeit zum Kühlen: mind. $^1/_2$ Std.
- insgesamt ca. 1980 kcal

250 g Mehl
$^1/_2$ TL Salz
125 g Butter in Flöckchen
1 Ei

1. Mehl, Salz, Butterflöckchen und Ei zuerst mit den Knethaken eines Handrührgerätes, dann mit den Händen schnell zu einem kompakten Teig verkneten.

2. Diesen in ein feuchtes Tuch wickeln und im Kühlschrank mindestens 30 Minuten ruhen lassen.

Hinweis:
Der Teig reicht für eine Spring-, eine Pie- oder eine Quicheform (24 oder 26 cm Ø).

Vollkornmürbeteig

- Zubereitungszeit: ca. $^1/_4$ Std.
- Zeit zum Kühlen: ca. $^1/_2$ Std.
- insgesamt ca. 1820 kcal

250 g Weizenvollkornmehl
$^1/_2$ TL Salz
125 g Butter in Flöckchen
1 Ei

1. Mehl, Salz, Butterflöckchen und Ei zuerst mit den Knethaken eines Handrührgerätes, dann mit den Händen schnell zu einem kompakten Teig verkneten.

2. Diesen im Kühlschrank mindestens 30 Minuten ruhen lassen.

Hinweis:
Der Teig reicht für eine Spring-, eine Pie- oder eine Quicheform (24 oder 26 cm Ø).

Quark-Öl-Teig

▦ Zubereitungszeit: ca. $^1/_4$ Std.

▦ insgesamt ca. 1330 kcal

▦ 125 g Magerquark
5 EL Öl
5 EL Milch
etwas Salz
200 g Weizenmehl
$^1/_2$ P. Backpulver

1. Den Quark in einem Sieb abtropfen lassen, ihn dann mit Öl, Milch und Salz verrühren.

2. Das Mehl mit dem Backpulver mischen und nach und nach mit dem Handrührgerät unter die Quarkmischung kneten.

Hinweis:
Der Teig reicht für eine Spring-, eine Pie- oder eine Quicheform (24 oder 26 cm Ø).

Blätterteig

▦ Zeit zum Auftauen: ca. $^1/_4$ Std.

▦ Vorbereitungszeit: ca. $^1/_4$ Std.

▦ insgesamt ca. 1310 kcal

▦ 1 P. TK-Blätterteig (300 g)
etwas Mehl zum Ausrollen

1. Die tiefgefrorenen Teigplatten aus der Verpackung nehmen, voneinander trennen und in etwa 15 Minuten auftauen lassen.

2. Dann die Teigplatten so nebeneinander auf eine leicht bemehlte Arbeitsfläche legen, daß sie sich etwas überlappen. Nun den Teig in der gewünschten Form ausrollen. Dabei darauf achten, daß die einzelnen Teigplatten gut miteinander verbunden sind.

Hinweis:
Der Teig reicht für eine Spring-, eine Pie- oder eine Quicheform (24 oder 26 cm Ø).

QUICHES

Zur Quiche Lorraine, dem klassischen Speck-Zwiebel-Kuchen auf einem Boden aus Mürbeteig, sind inzwischen zahllose Variationen mit vielen anderen Zutaten hinzugekommen. Großer Beliebtheit erfreuen sich Quiches mit den verschiedensten Gemüsebelägen. Bestreut man die Quiches vor dem Backen mit grobgeriebenem Käse, schmecken sie besonders knusprig und lecker.

Gemüsequiche mit Frischkäse

▧ Zubereitungszeit: ca. 1 ³/₄ Std.

▧ ca. 1420 kcal je Portion

▧ Dazu paßt ein bunter Salat

1 P. TK-Blätterteig, ca. 300 g
(Vorbereitung S. 7)
je 1 rote, grüne und gelbe Paprikaschote
5 dünne Lauchstangen
5 mittelgroße Zwiebeln
250 g geräucherter Bauchspeck
250 g gekochter Schinken
Salz, Pfeffer, Muskat
6 Eier
250 g Sahne
150 g Frischkäse mit Kräutern
getrockneter, gerebelter Majoran
1 Eigelb

8

1. Den Blätterteig nach Anleitung vorbereiten und zu einem Kreis von 35 cm Ø ausrollen. Eine Springform mit kaltem Wasser ausspülen und mit dem Blätterteig gleichmäßig auslegen. Einen Rand hochziehen und den Teig mit einer Gabel mehrmals einstechen.

2. Die Paprikaschoten in kleine Würfel schneiden. Den Lauch der Länge nach halbieren und in Scheiben schneiden. Die Zwiebeln kleinschneiden. Bauchspeck und Schinken in feine Streifen schneiden.

3. Den Backofen auf 175 °C vorheizen. Paprika und Lauch in kochendem Salzwasser 1 Minute blanchieren. Den Speck in einer heißen Kasserolle auslassen, dann Schinken, Paprika, Lauch und Zwiebeln hinzufügen und 5 Minuten mitdünsten. Diese Mischung in die Springform füllen.

4. Eier, Sahne, 70 g Frischkäse, Salz, Pfeffer, Muskat und Majoran mit dem Schneebesen verrühren und über die Gemüsemasse gießen. Die Quiche etwa 80 Minuten backen.

5. Den restlichen Frischkäse mit dem Eigelb verrühren und nach etwa 60 Minuten Backzeit auf die Quiche streichen.

ZEITINTENSIV
PIKANT

Quiche Lorraine

▦ Zubereitungszeit: ca. 1 ¼ Std.

▦ Zeit zum Kühlen: ca. ½ Std.

▦ ca. 930 kcal je Portion

▦ Dazu paßt ein Elsässer Weißwein

1 Rezept Mürbeteig (S. 6)
2 EL Butter
100 g gewürfelter durchwachsener
Speck
2 gewürfelte Zwiebeln
150 g Sahne
⅛ l Milch
3 Eier
100 g geriebener Emmentaler
geriebener Muskat
1 Prise Salz
weißer Pfeffer
1 TL Fett für die Form
etwas Mehl zum Ausrollen und
Bestäuben

1. Den Mürbeteig nach Anleitung zubereiten. Die Butter erhitzen und Speck sowie Zwiebeln darin dünsten, dann abkühlen lassen. Den Backofen auf 180 °C vorheizen.

2. Die Sahne mit Milch und Eiern verrühren. Den Käse, die Zwiebel-Speck-Mischung und die Gewürze dazugeben und alles gut mischen.

3. Den Mürbeteig auf einer leicht bemehlten Arbeitsplatte dünn ausrollen. Eine Springform ausfetten, mit etwas Mehl bestäuben und den Teig hineindrücken. An den Seiten einen kleinen Rand hochziehen und den Teig mehrmals einstechen.

4. Den Belag auf den Teig geben, glattstreichen und die Quiche etwa 40 Minuten backen.
(auf dem Foto oben)

Scharfe Käsequiche

▦ Zubereitungszeit: ca. 1 ½ Std.

▦ Zeit zum Kühlen: ca. ½ Std.

▦ ca. 1000 kcal je Portion

▦ Dazu paßt Chinakohlsalat

1 Rezept Mürbeteig (S. 6)
3 Eier
200 g geriebener Edamer
200 g geriebener Emmentaler
1 TL Speisestärke
2 eingelegte gewürfelte Peperoni
2 gewürfelte Cornichons
1 gewürfelte Zwiebel
150 ml trockener Weißwein
1 TL Fett für die Form
6 kleine Tomaten
½ TL gemahlener Pfeffer

1. Den Mürbeteig nach Anleitung zubereiten. Für die Füllung die Eier verquirlen. Den Käse mit Speisestärke, Peperoni-, Gurken- und Zwiebelwürfeln verrühren und unter die Eimasse mischen.

2. Den Wein unter ständigem Rühren dazugeben und alles schlagen, bis die Masse zähflüssig ist. Den Backofen auf 200 °C vorheizen.

3. Den Teig ausrollen und in eine gefettete Spring- oder Tarteform legen. Ihn mehrmals einstechen. Anschließend die Käsemasse daraufgeben.

4. Die Tomaten vierteln, auf die Käsemasse legen und pfeffern. Die Quiche etwa 40 Minuten backen.
(auf dem Foto unten)

Italienische Quiche

▦ Zubereitungszeit: ca. 1 Std.

▦ Zeit zum Kühlen: ca. $^{1}/_{2}$ Std.

▦ ca. 1140 kcal je Portion

▦ Dazu paßt ein Elsässer Weißwein

1 Rezept Mürbeteig (S. 6)
$^{1}/_{4}$ l Milch
3 Eier, 1 Eigelb
Salz
frisch gemahlener schwarzer Pfeffer
1 TL Fett für die Form
3 EL Semmelbrösel
150 g gewürfelter durchwachsener
Speck
75 g gewürfelter roher Schinken
ohne Fettrand
75 g gewürfelte Cabanossi
100 g Emmentaler, in dünnen Streifen

1. Den Mürbeteig nach Anleitung zubereiten. Die Milch aufkochen. Die Eier und das Eigelb verquirlen, mit wenig Salz und reichlich Pfeffer würzen. Die kochende Milch unter die Eimasse rühren. Den Backofen auf 200 °C vorheizen.

2. Eine Springform ausfetten, mit dem Teig auskleiden, dabei einen Rand hochdrücken. Den Teig einige Male einstechen und mit Semmelbröseln bestreuen.

3. Speck-, Schinken- und Wurstwürfel auf den Teig streuen und die Käsestreifen gitterartig darauf legen. Die Quiche mit der Eiermilch begießen und etwa 30 Minuten backen.

Tomatenquiche

Zubereitungszeit: ca. 1 ¹/₂ Std.

Zeit zum Kühlen: ca. ¹/₂ Std.

ca. 1040 kcal je Portion

Dazu paßt grüner Salat

1 Rezept Mürbeteig (S. 6)
750 g Fleischtomaten
3 Eier
150 g Crème fraîche
100 g geriebener Gouda
etwas Salz
frisch gemahlener Pfeffer
1 Msp. Cayennepfeffer
frisch geriebener Muskat
1 TL Fett für die Form

1. Den Mürbeteig nach Anleitung herstellen. Die Tomaten überbrühen, enthäuten und achteln, die Stielansätze entfernen. Den Backofen auf 200 °C vorheizen.

2. Die Eier mit der Crème fraîche und dem Gouda verquirlen, die Masse mit Salz, Pfeffer, Cayennepfeffer und Muskat kräftig würzen.

3. Den Teig ausrollen. Eine Quicheform ausfetten und damit auslegen. Einen Rand hochdrücken und den Teig mehrmals einstechen.

4. Die Tomaten darauf legen, salzen, pfeffern und mit der Ei-Käse-Masse übergießen. Die Quiche etwa 45 Minuten backen.

Champignonquiche

- Zubereitungszeit: ca. 1 ¹/₂ Std.
- Zeit zum Kühlen: ca. ¹/₂ Std.
- ca. 860 kcal je Portion
- Dazu paßt ein gemischter Blattsalat

1 Mürbeteig (S. 6)
1 TL Fett für die Form
400 g Champignons
2 Zwiebeln
2 EL Butter
3 Eier
300 g Crème fraîche
je eine Prise Salz und Pfeffer
einige Tomatenachtel
Petersilie zum Garnieren

1. Den Mürbeteig nach Anleitung herstellen. Den Backofen auf 200 °C vorheizen.

2. Den Teig ausrollen und so in eine gefettete Springform drücken, daß ein Rand entsteht. Den Teigboden mehrmals einstechen und etwa 10 Minuten vorbacken.

3. Die Champignons in dünne Scheiben schneiden. Die Zwiebeln würfeln und in der Butter glasig braten. Die Pilze mitdünsten, bis alle Flüssigkeit verdampft ist.

4. Die Eier mit Crème fraîche, Salz und Pfeffer verrühren und die Champignon-Zwiebel-Mischung darunterheben.

5. Die Masse auf dem Teigboden verteilen und die Quiche etwa 20 Minuten backen. Sie danach mit Tomaten und Petersilie garnieren.

Lachsquiche

⬜ Zubereitungszeit: ca. 1 ¹/₂ Std.

⬜ Zeit zum Kühlen: ca. ¹/₂ Std.

⬜ ca. 950 kcal je Portion

⬜ Dazu paßt Sekt

1 Rezept Mürbeteig (S. 6)
250 g Brokkoliröschen
3 Eier
150 g Kräuterfrischkäse
250 g Schmand
Salz
frisch gemahlener Pfeffer
1 TL Fett für die Form
150–200 g gewürfeltes Lachsfilet

1. Den Mürbeteig nach Anleitung herstellen. Den Backofen auf 200 °C vorheizen. Die Brokkoliröschen kurz in kochendem Wasser blanchieren.

2. Die Eier mit Frischkäse und Schmand verquirlen, mit Salz und Pfeffer abschmecken.

3. Den Teig ausrollen und eine ausgefettete Quicheform damit auslegen, einen Rand hochziehen. Den Teig mehrmals einstechen und etwa 10 Minuten vorbacken.

4. Brokkoliröschen und Lachswürfel auf dem Teig verteilen und die Frischkäsemischung darübergießen. Die Quiche 30 Minuten backen.

Gemüse-Käse-Quiche

- Zubereitungszeit: ca. 1 $^3/_4$ Std.
- Zeit zum Kühlen: ca. $^1/_2$ Std.
- ca. 820 kcal je Portion
- Dazu paßt kurzgebratenes Fleisch

1 Rezept Mürbeteig (S. 6)
2 Zucchini, ca. 400 g
1 rote Paprikaschote
1 kleine Aubergine, ca. 250 g
1 TL Fett für die Form
je $^1/_2$ TL gehackter Majoran und Thymian
200 g geriebener Edamer
200 ml Milch
3 Eier
1 TL Speisestärke
je 1 Prise Salz, Pfeffer und Muskat
$^1/_2$ TL Paprikapulver, rosenscharf

1. Den Mürbeteig nach Anleitung herstellen. Die Zucchini in $^1/_2$ cm dicke Scheiben, die Paprikaschote in schmale Streifen schneiden. Die Aubergine würfeln.

2. Den Backofen auf 175 °C vorheizen. Den Teig ausrollen und eine gefettete Quicheform damit auslegen. Einen Rand hochziehen und den Teig mehrmals einstechen.

3. Das Gemüse auf dem Teig verteilen und mit den Kräutern bestreuen.

4. Den Käse mit Milch, Eiern und Speisestärke verquirlen und mit den Gewürzen abschmecken. Die Eimasse über das Gemüse gießen und die Quiche etwa 55 Minuten backen.
(auf dem Foto oben)

Pilzquiche

- Zubereitungszeit: ca. 1 $^1/_2$ Std.
- Zeit zum Kühlen: ca. $^1/_2$ Std.
- ca. 970 kcal je Portion
- Dazu paßt trockener Weißwein

1 Rezept Mürbeteig (S. 6)
250 g frische gemischte Pilze
1 kleine Stange Lauch
6 kleine Tomaten
100 g roher Schinken, in Streifen
1 EL Butter
4 Eier
$^1/_4$ l Milch
je eine Prise Salz, Pfeffer und Muskat
1 TL Fett für die Form
100 g geriebener Parmesan oder
mittelalter Gouda

1. Den Mürbeteig nach Anleitung zubereiten. Die Pilze in Scheiben oder kleine Stücke, den Lauch in dünne Ringe schneiden. Die Tomaten überbrühen, enthäuten, vom Stielansatz befreien und kleinschneiden.

2. Den Schinken in der Butter anbraten. Lauch und Pilze etwa 5 Minuten mitdünsten.

3. Die Tomaten unter die Pilzmischung rühren und alles erkalten lassen. Den Backofen auf 200 °C vorheizen.

4. Die Eier mit der Milch verrühren, mit Salz, Pfeffer und Muskat abschmecken. Die Pilzmischung darunterrühren.

5. Den Teig ausrollen, eine gefettete Tarteform damit auskleiden, einen Rand hochziehen und den Teig mehrmals einstechen. Die Pilzmischung darauf verteilen, den Käse darüberstreuen. Die Quiche etwa 35 Minuten backen.
(auf dem Foto unten)

16

ZEITINTENSIV · AROMATISCH

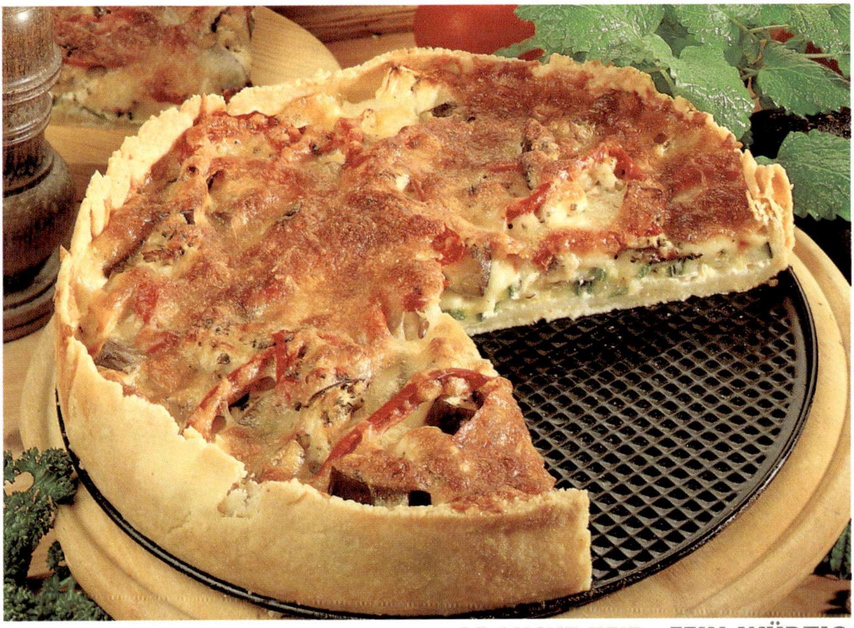

BRAUCHT ZEIT · FEIN-WÜRZIG

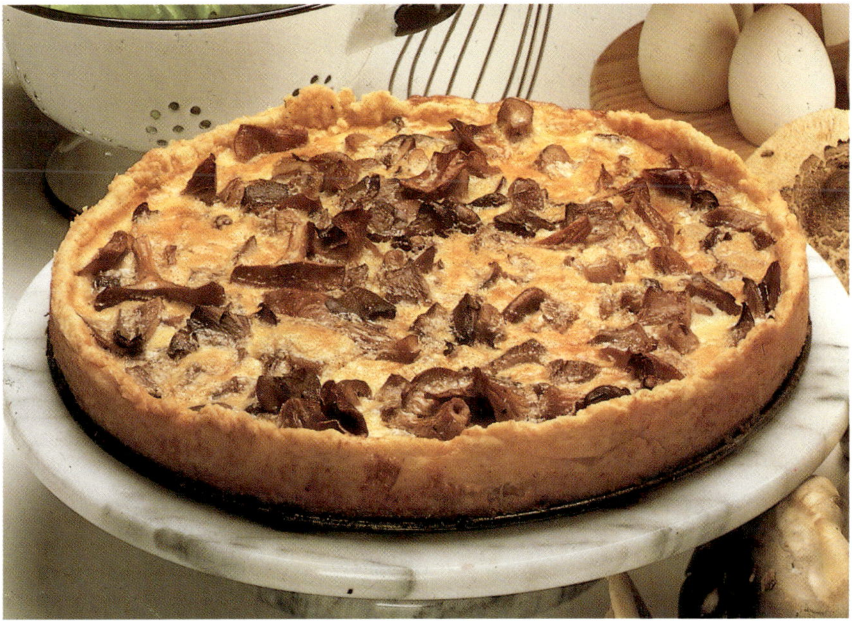

Blumenkohl-Rotbarsch-Quiche

▨ Zubereitungszeit: ca. 1 ³/₄ Std.

▨ Zeit zum Kühlen: ca. ¹/₂ Std.

▨ ca. 880 kcal je Portion

▨ Dazu paßt Friséesalat

1 Rezept Mürbeteig (S. 6)
400 g Rotbarschfilet
2 EL Zitronensaft
Salz, gemahlener weißer Pfeffer
1 zerdrückte Knoblauchzehe
1 kleiner Blumenkohl (etwa 400 g)
1 TL Fett für die Form
2 EL Sesamsamen
3 Eier, 100 g Crème fraîche
3 EL Tomatenmark
50 g geriebener Emmentaler
etwas gehackte Petersilie

1. Den Mürbeteig nach Anleitung herstellen. Das Rotbarschfilet in mundgerechte Würfel schneiden. Den Zitronensaft mit Salz, Pfeffer und Knoblauch verrühren. Den Fisch darin wenden und zugedeckt in den Kühlschrank stellen.

2. Den Backofen auf 200 °C vorheizen. Den Blumenkohl in kleine Röschen zerteilen. In kochendem Wasser 5 bis 10 Minuten vorgaren.

3. Den Mürbeteig ausrollen, in eine gefettete Springform legen, einen Rand hochziehen. Den Teig mit Sesamsamen bestreuen und 10 bis 13 Minuten vorbacken.

4. Den Blumenkohl und den abgetropften Fisch auf dem Boden verteilen. Eier mit Crème fraîche, Tomatenmark und Käse verquirlen, mit Salz, Pfeffer und Petersilie würzen und darübergießen. Die Quiche 30 bis 35 Minuten backen.

Lauchquiche

- Zubereitungszeit: ca. 2 Std.
- Zeit zum Kühlen: ca. $\frac{1}{2}$ Std.
- ca. 740 kcal je Portion
- Dazu paßt trockener Weißwein

1 Rezept Vollkornmürbeteig (S. 6)
600 g Lauch
100 g Zwiebeln
2 EL Olivenöl
Salz, frisch gemahlener Pfeffer, Muskat
150 g saure Sahne
2 Eier
100 g geriebener Käse
3 EL feingehackte Kräuter (Petersilie,
Schnittlauch, Kerbel)
Kräutersalz
1 TL Fett für die Form

1. Den Vollkornmürbeteig nach Anleitung herstellen. Lauch und Zwiebeln in Streifen schneiden. Beides im Olivenöl andünsten und mit Salz, Pfeffer und Muskat würzen.

2. Eine Springform ausfetten, den Teig ausrollen, in die Form legen und einen Rand hochziehen. Den Teig mehrmals einstechen. Den Backofen auf 200 °C vorheizen.

3. Die saure Sahne mit den Eiern und dem Käse verrühren. Die Kräuter darunterheben und das Ganze mit Kräutersalz und Pfeffer abschmecken.

4. Den Lauch auf dem Teigboden verteilen und die Eiersahne darübergießen. Die Quiche 40 bis 45 Minuten backen.

Quiche Ramée

▥ Zubereitungszeit: ca. 1 ¹/₄ Std.

▥ Zeit zum Kühlen: ca. ¹/₂ Std.

▥ ca. 860 kcal je Portion

▥ Dazu paßt ein bunter Salat

1 Rezept Mürbeteig (S. 6)
1 TL Fett für die Form
150 g Crème fraîche
2 Eier
1 Prise Pfeffer
100 g Edelpilzkäse
100 g gewürfelter geräucherter Schinken

1. Den Mürbeteig nach Anleitung herstellen. Den Backofen auf 200 bis 225 °C vorheizen.

2. Etwas Teig für die Dekoration beiseite legen, den übrigen Teig in eine gefettete Quicheform drücken und den Rand gut hochziehen. Den Teig mehrmals einstechen und etwa 15 Minuten vorbacken.

3. Die Crème fraîche gut mit den Eiern und Pfeffer verrühren und auf den Boden gießen. Den Käse zerbröckeln, zusammen mit dem Schinken auf die Eiermischung geben.

4. Aus dem zurückbehaltenen Teig Plätzchen ausstechen und auf die Quiche legen. Die Quiche in etwa 15 Minuten fertigbacken.
(auf dem Foto oben)

Kleine Partyquiches

▥ Zubereitungszeit: ca. 1 ³/₄ Std.

▥ Zeit zum Kühlen: ca. ¹/₂ Std.

▥ ca. 840 kcal je Portion

▥ Dazu paßt Sekt oder Rotwein

1 Rezept Mürbeteig (S. 6)
1 EL Fett für die Förmchen
200 g Crème fraîche
125 g geriebener Gouda
2 Eier
1 TL Speisestärke
je eine Prise Salz, Pfeffer und Muskat
insg. ca. 800 g Avocado, gebratene Auberginen-, Tomaten- und Champignonscheiben, gegarte Paprikastreifen, gegarter Rosenkohl und Bohnen, Mais und Erbsen aus der Dose, gehackte Kräuter zum Garnieren

1. Den Mürbeteig nach Anleitung herstellen. Acht kleine Förmchen ausfetten, ausgerollten Teig hineindrücken und ihn mehrmals mit einer Gabel einstechen. Den Backofen auf 200 °C vorheizen.

2. Die Crème fraîche mit Gouda, Eiern, Speisestärke und Gewürzen verquirlen. Die Masse in die Förmchen verteilen.

3. Die Quiches mit dem verschiedenen Gemüse und den Kräutern garnieren und etwa 25 Minuten backen.
(auf dem Foto unten)

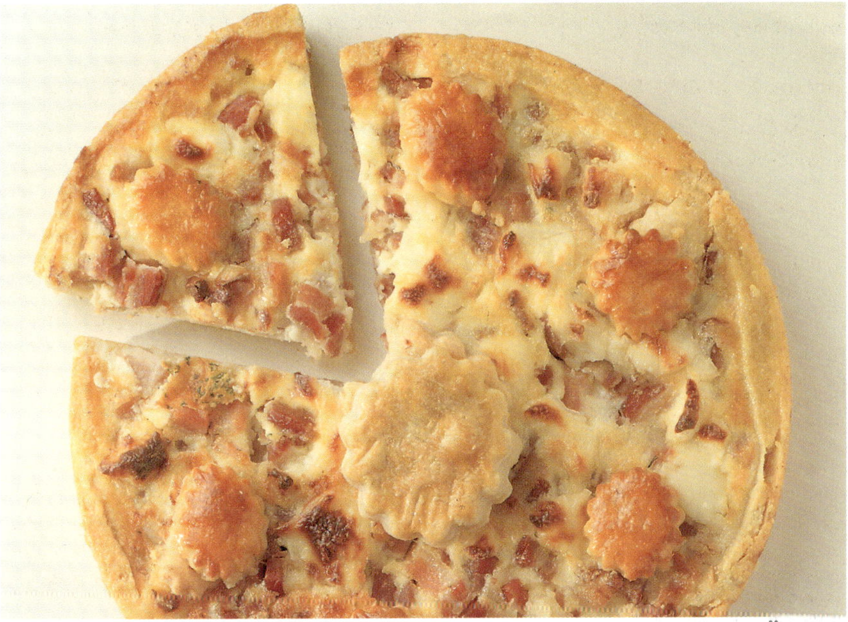

ZEITINTENSIV · FEIN-WÜRZIG

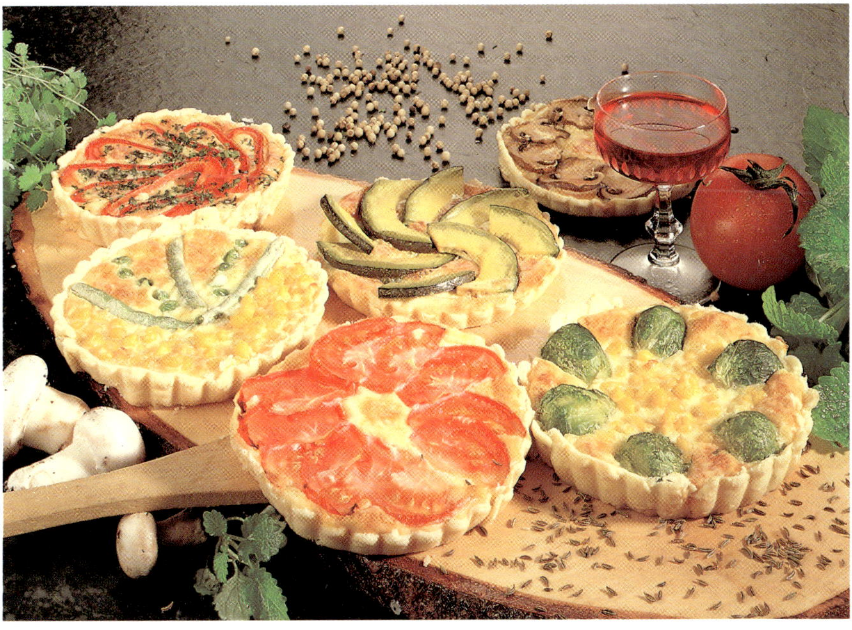

TARTES

Eine feine Rehtarte fürs kalte Büffet oder eine deftige Krauttarte zur Gartenparty mit Faßbier – es gibt viele Gelegenheiten, bei denen herzhafte Kuchen gut ankommen. Besonders saftig sind Tartes mit einem Crème-fraîche- oder Sahneguß; wer es etwas kalorienärmer möchte, nimmt eine pikant gewürzte Eiermilch.

Rosenkohltarte

▪ Zubereitungszeit: ca. 1 ½ Std.

▪ Zeit zum Kühlen: ca. ½ Std.

▪ ca. 690 kcal je Portion

▪ Dazu paßt ein kühles Bier

1 Rezept Mürbeteig (S. 6)
1 TL Fett für die Form
500 g Rosenkohl
Salz
weißer Pfeffer
2 Schalotten
2 EL Keimöl
2 Eier
150 g kleine Champignons
100 g Hartkäse

1. Den Mürbeteig nach Anleitung zubereiten. Den Backofen auf 200 °C vorheizen. Den Teig ausrollen, eine gefettete Pie- oder Tarteform damit auslegen und einen Rand hochziehen. Den Boden mehrmals einstechen und etwa 30 Minuten vorbacken.

2. Die Rosenkohlröschen halbieren und in kochendem Salzwasser in etwa 15 Minuten bißfest garen. Die Schalotten fein würfeln und im Öl andünsten. Mit Salz und Pfeffer würzen.

3. Die Eier zu dickflüssigem Schaum schlagen, salzen und pfeffern. Die ganzen Champignonköpfe, die Schalotten und den Rosenkohl auf dem Teigboden verteilen, den Eierschaum darübergeben und den Käse grob darüberreiben. Die Tarte in etwa 30 Minuten fertigbacken.

BRAUCHT ZEIT
KNACKIG

Möhrentarte

▓ Zubereitungszeit: ca. 2 Std.

▓ Zeit zum Kühlen: ca. ¹/₂ Std.

▓ ca. 990 kcal je Portion

▓ Dazu paßt naturtrüber Apfelsaft

1 Rezept Mürbeteig (S. 6)
750 g Möhren
Salz
2 Bund Petersilie
1 TL Fett für die Form
4–6 Scheiben Schinkenwurst
200 g Crème fraîche
125 g geriebener Gouda
2 Eier, 1 TL Speisestärke
1 TL Zitronensaft
1 Prise Zucker
Pfeffer und Muskat
2 EL gehackte Petersilie zum Garnieren

1. Den Mürbeteig nach Anleitung herstellen und etwa 30 Minuten kühl stellen. Die Möhren schälen, in Scheiben schneiden und in Salzwasser in etwa 10 Minuten bißfest garen. Mit der Petersilie mischen. Den Backofen auf 200 °C vorheizen.

2. Den Teig ausrollen, eine gefettete Tarte- oder Springform damit auslegen, einen Rand hochziehen und mehrmals mit einer Gabel in den Teig stechen.

3. Die Schinkenwurst auf dem Teig verteilen, und die Möhren fächerartig darauf anordnen. Die Crème fraîche mit Gouda, Eiern, Speisestärke, Zitronensaft und Gewürzen verrühren. Den Guß über die Möhren verteilen und die Tarte 45 bis 50 Minuten backen. Mit Petersilie bestreuen.
(auf dem Foto oben)

Zwiebeltarte

▓ Zubereitungszeit: ca. 1 ¹/₄ Std.

▓ Zeit zum Gehen: ca. 1 Std.

▓ ca. 980 kcal je Portion

▓ Dazu paßt neuer Wein

1 Rezept gekneteter Hefeteig (S. 4)
1 EL Fett für das Blech
ca. 700 g Zwiebeln
2 EL Butter
125 g mageres, gewürfeltes Dörrfleisch
3 Eier
150 g süße Sahne
Salz

1. Den Hefeteig nach Anleitung herstellen und auf ein gefettetes Backblech drücken.

2. Die Zwiebeln in dünne Ringe schneiden, in der Butter glasig dünsten und abkühlen lassen. Den Backofen auf 200 °C vorheizen. Das Dörrfleisch und die fast erkalteten Zwiebelringe auf dem Teig verteilen.

3. Die Eier verquirlen, die Sahne dazurühren, salzen und die Eimasse über die Zwiebelmasse gießen. Die Tarte etwa 20 Minuten backen.
(auf dem Foto unten)

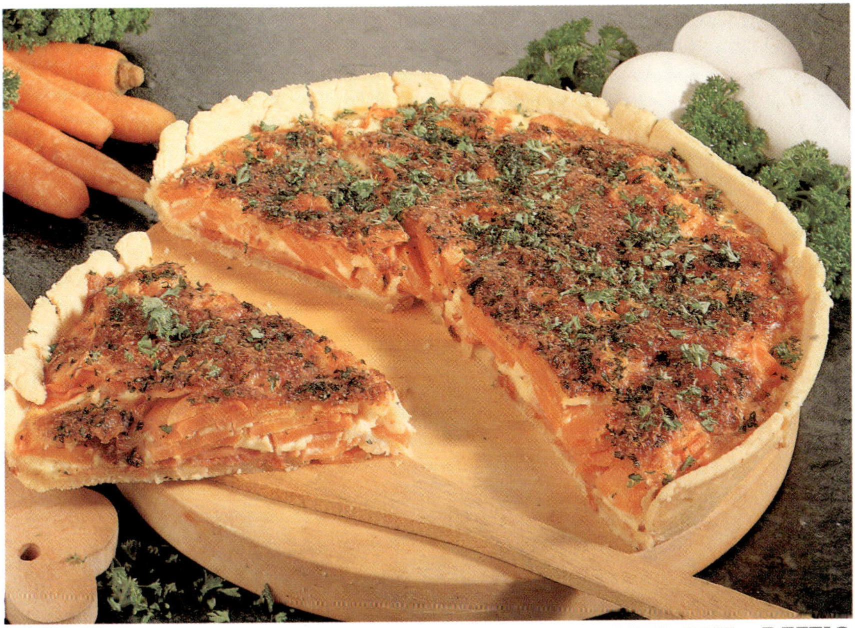

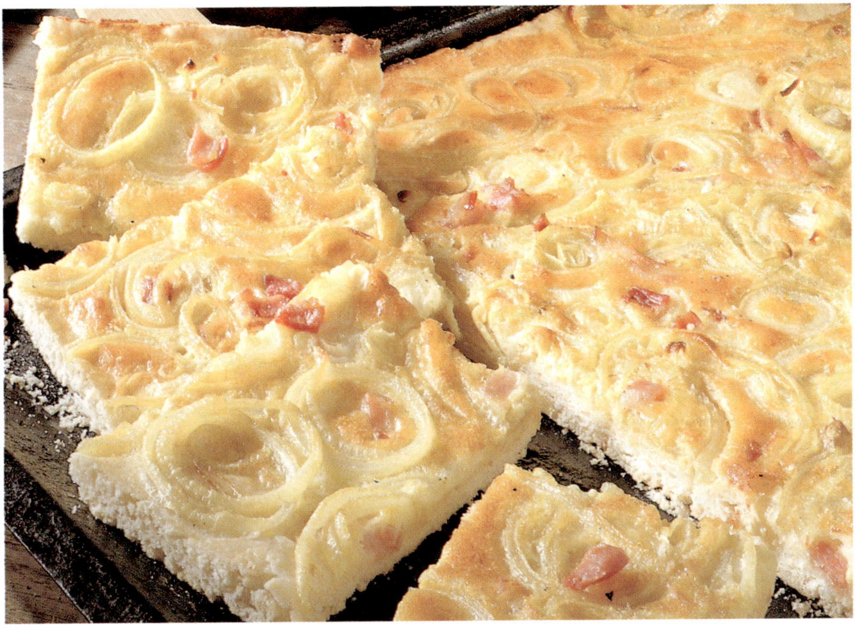

Auberginentarte

- ■ Zubereitungszeit: ca. 1 ³/₄ Std.
- ■ Zeit zum Kühlen: ca. ¹/₂ Std.
- ■ ca. 940 kcal je Portion
- ■ Dazu paßt ein kühles Bier

1 Rezept Mürbeteig (S. 6)
1 TL Fett für die Form
600 g Auberginen, ¹/₂ EL Salz
3 EL Olivenöl
150 g fein gewürfelter roher Schinken
1 gepreßte Knoblauchzehe, 6 Eigelb
¹/₈ l kalte Fleischbrühe
100 g süße Sahne
4 EL Tomatenketchup
1 Prise Salz, 1 Msp. Muskat
je 1 TL Estragon und Kerbel, 6 Eiweiß
1 hartgekochtes Ei, gefüllte Oliven und
etwas Petersilie zum Garnieren

1. Den Mürbeteig nach Anleitung herstellen. Den Backofen auf 200 °C vorheizen. Den Teig ausrollen und eine gefettete Tarteform damit auslegen, einen Rand hochziehen. Den Boden mehrmals einstechen und etwa 20 Minuten vorbacken.

2. Inzwischen die Auberginen schälen, würfeln, salzen und 20 Minuten ziehen lassen. Dann in einem Sieb unter kaltem Wasser abspülen, vorsichtig trockentupfen. Die Auberginenwürfel unter ständigem Rühren im heißen Öl anbraten und abkühlen lassen. Schinken und Knoblauch dazugeben.

3. Die Eigelbe mit Fleischbrühe, Sahne und Ketchup verrühren, salzen und mit den Gewürzen abschmecken. Die Eiweiße zu steifem Schnee schlagen und darunterziehen. Den Belag gleichmäßig auf dem Boden verteilen, den Guß darübergeben und die Tarte in etwa 20 Minuten fertigbacken. Dann mit Eierscheiben, Oliven und Petersilie garnieren.

Tomatentarte

- Zubereitungszeit: ca. 1 $\frac{1}{2}$ Std.
- Zeit zum Kühlen: ca. $\frac{1}{2}$ Std.
- ca. 700 kcal je Portion
- Dazu paßt ein Glas Rotwein

1 Rezept Mürbeteig (S. 6)
1 TL Fett für die Form
150 g kleine Tomaten
Salz, Pfeffer, gerebelter Oregano
1 kleine Zwiebel
1 Ecke Schmelzkäse (gut 60 g)
7 EL Milch
4 Eier
1 EL Paprikapulver
etwas Zucker
eventuell etwas Paprikapulver
zum Bestreuen

1. Den Mürbeteig nach Anleitung herstellen. Den Backofen auf 225 °C vorheizen. Den Teig ausrollen, in eine leicht gefettete Springform (22 cm Ø) geben und einen Rand hochziehen. Den Boden 15 bis 20 Minuten vorbacken.

2. Die Tomaten überbrühen, abziehen, von den Stielansätzen befreien und auf den Boden geben; kräftig mit Salz, Pfeffer und Oregano würzen. Die Zwiebel sehr fein hacken und dazwischenstreuen.

3. Den Schmelzkäse in einem kleinen Topf mit 3 Eßlöffel Milch bei schwacher Hitze glattrühren, die restliche Milch und die Eier dazugeben, alles verquirlen. Den Guß mit Paprikapulver, Salz, Pfeffer, Zucker und etwas Oregano würzen und über die Tomaten gießen.

4. Die Tarte 30 bis 40 Minuten überbacken. Dann den Ofen ausschalten und die Tarte 5 Minuten darin ruhen lassen; sie eventuell noch mit Paprikapulver bestreuen.

Kalbfleisch-Möhren-Tarte

- Zubereitungszeit: ca. 1 ¹/₂ Std.
- Zeit zum Kühlen: ca. ¹/₂ Std.
- ca. 870 kcal je Portion
- Dazu paßt ein leichter Weißwein

1 Rezept Vollkorn-Mürbeteig (S. 6)
400 g Kalbfleisch, 1 TL Salz
250 g Möhren, 1 TL Fett für die Form
4 Eier, 3 TL Speisestärke
2 EL grob gehacktes Basilikum
4 EL geriebener Käse, Butterflöckchen

1. Vollkornmürbeteig nach Anleitung zubereiten. Kalbfleisch in ¹/₄ Liter Salzwasser 30, Möhren 15 Minuten kochen.

2. Den Teig ausrollen, eine gefettete Tarteform damit auslegen, einen Rand hochziehen. Den Teigboden mehrmals einstechen. Fleisch und Möhren in Würfel schneiden und darauf verteilen. Den Backofen auf 220 °C vorheizen.

3. Kochwasser mit Eiern, Speisestärke und Basilikum verrühren. Die Sauce über den Belag gießen, den Käse darüberstreuen, mit Butterflocken belegen und 20 Minuten backen.

Kasseler-Ananas-Tarte

- Zubereitungszeit: ca. 1 ³/₄ Std.
- Zeit zum Kühlen: ca. ¹/₂ Std.
- ca. 1040 kcal je Portion
- Dazu paßt Bier oder Tee mit Zitrone

1 Rezept Mürbeteig (S. 6)
400 g gekochtes Kasseler, in Würfeln
2 EL Öl, ¹/₄ l Ananassaft
300 g Ananasstückchen
1 TL Fett für die Form, 200 g süße Sahne
¹/₂ TL abgeriebene Schale einer
unbehandelten Orange
1 Eigelb, 3 TL Speisestärke
je 1 Prise Salz und Pfeffer

1. Den Mürbeteig nach Anleitung zubereiten. Kasseler im heißen Öl anbraten, Ananassaft dazugießen, alles zugedeckt 20 Minuten leise schmoren lassen, Ananasstücke untermischen. Den Backofen auf 200 °C vorheizen.

2. Den Teig ausrollen und eine gefettete Tarteform damit auslegen, einen Rand hochziehen. Den Boden mehrmals einstechen. Die Fleischmischung auf dem Teig verteilen, die übrigen Zutaten verrühren, darübergeben und die Tarte etwa 30 Minuten backen.

Leberwursttarte

- Zubereitungszeit: ca. 40 Min.
- ca. 510 kcal je Portion
- Dazu paßt heißes Sauerkraut

> **1 Rezept Quark-Öl-Teig (S. 7)**
> **1 TL Fett für die Form**
> **250 g Leberwurst**
> **1 EL gehackte Zwiebel**
> **1 EL Öl, 1 Prise Pfeffer**
> **$^1/_2$ TL Senf, 1 geriebener Apfel**
> **2 Eier, 100 g saure Sahne**
> **einige Radieschenscheiben**
> **zum Garnieren**

1. Den Backofen auf 180 °C vorheizen. Den Quark-Öl-Teig nach Anleitung herstellen, ausrollen und eine gefettete Spring- oder Tarteform damit auslegen und den Boden 15 Minuten vorbacken.

2. Die Leberwurst mit Zwiebel, Öl, Pfeffer, Senf und Apfel mischen und das Ganze auf den etwas erkalteten Teigboden streichen. Die Eier mit der Sahne verrühren, über die Wurstmasse verteilen und die Tarte bei 200 °C in etwa 20 Minuten fertigbacken. Mit Radieschenscheiben garnieren.

Krauttarte

- Zubereitungszeit: ca. 1 Std.
- Zeit zum Gehen: ca. $^1/_2$ Std.
- ca. 810 kcal je Portion
- Dazu paßt Faßbier oder Biorpunsch

> **1 Rezept gebröselter Hefeteig (S. 5)**
> **1 EL Fett für die Form**
> **3 Tomaten, 200 g Räucherspeck**
> **3 kleingeschnittene Zwiebeln**
> **720 g Sauerkraut aus der Dose**
> **$^1/_8$ l Fleischbrühe, $^1/_2$ TL Kümmel**
> **je 1 Prise Salz, Pfeffer und Muskat**
> **200 g saure Sahne, 3 Eier**

1. Hefeteig zubereiten, auf ein gefettetes Backblech drücken und zugedeckt 15 Minuten ruhen lassen. Tomaten vierteln. Speck in Streifen schneiden und ausbraten. Zwiebeln hinzufügen und glasig dünsten. Kraut, Brühe, Tomaten und Gewürze dazugeben, kurz aufkochen und abkühlen lassen. Backofen auf 180 °C vorheizen.

2. Die Kraut-Speck-Masse auf dem Teig verteilen, Sahne und Eier verrühren. Die Tarte damit übergießen und etwa 40 Minuten backen.

29

Champignon-Zwiebel-Tarte

◼ Zubereitungszeit: ca. 1 Std.

◼ Zeit zum Gehen: ca. 1 Std.

◼ ca. 760 kcal je Portion

◼ Dazu paßt Kräuterquark

1/2 **Rezept gekneteter Hefeteig (S. 4)**
1 kg frische Champignons
4 Bund Frühlingszwiebeln
1 rote Paprikaschote
100 g Schinkenspeck
2 EL Butter
200 g süße Sahne
3 große Eier
je 1 Prise Salz, Pfeffer und Muskat
1 TL Fett für die Form

1. Den Hefeteig nach Anleitung zubereiten. Die Champignons in Scheiben schneiden. Die Zwiebeln und die Paprikaschote in Ringe, den Schinkenspeck in Streifen schneiden. Den Backofen auf 200 °C vorheizen.

2. Den Schinken in der Butter glasig anbraten, die Champignons dazugeben und 3 Minuten mitbraten lassen, dann die Zwiebeln und die Paprikaringe weitere 2 Minuten mitdünsten.

3. Den Teig nochmals durchkneten, ausrollen und eine gefettete Tarte- oder Springform damit auslegen, einen Rand hochdrücken. Den Teig 15 Minuten gehen lassen.

4. Die Sahne mit Eiern, Salz und Gewürzen verquirlen. Die Pilzmasse auf den Teig streichen, den Guß darauf verteilen und die Tarte etwa 35 Minuten backen.
(auf dem Foto oben)

Gemüse-Kräuter-Tarte

◼ Zubereitungszeit: ca. 1 1/2 Std.

◼ Zeit zum Kühlen: ca. 1/2 Std.

◼ ca. 790 kcal je Portion

◼ Dazu paßt ein herber Rotwein

1 Rezept Mürbeteig (S. 6)
1 TL Fett für die Form
250 g frische Spinatblätter
250 g Salatblätter
1 EL Butter
2 mittelgroße Zwiebeln
1 Tasse gehackte Kräuter (Petersilie, Dill, Thymian, Majoran)
1/2 TL Knoblauchsalz
etwas Muskat
125 g geriebener Gouda
2 Eier, 5 EL süße Sahne
1 Msp. Salz

1. Den Mürbeteig nach Anleitung herstellen und den Backofen auf 220 °C vorheizen. Den Teig ausrollen, eine gefettete Spring- oder Tarteform damit auslegen und einen Rand hochziehen. Den Boden mehrmals einstechen und 20 Minuten vorbacken.

2. Die Gemüseblätter in Streifen schneiden, in der Butter und 2 Eßlöffeln Wasser dünsten, bis sie zusammenfallen. Mit einem Schaumlöffel herausnehmen und in eine Schüssel legen.

3. Die Zwiebeln kleinschneiden und mit den Kräutern vorsichtig unter das Gemüse heben. 1 Eßlöffel Kräuter zurückbehalten. Alles mit den Gewürzen abschmecken.

4. Das Gemüse auf dem Tarteboden verteilen und den Käse darüberstreuen. Die Eier mit der Sahne, Salz und Muskat verrühren und die Eicreme gleichmäßig über den Käse verteilen. Die Tarte bei 200 °C weitere 30 Minuten backen. Mit den restlichen Kräutern bestreuen.
(auf dem Foto unten)

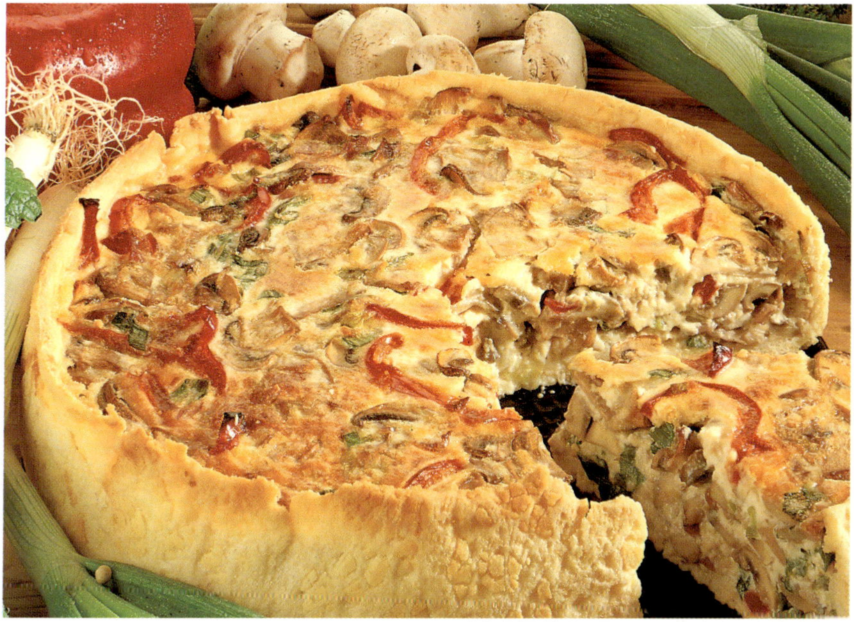

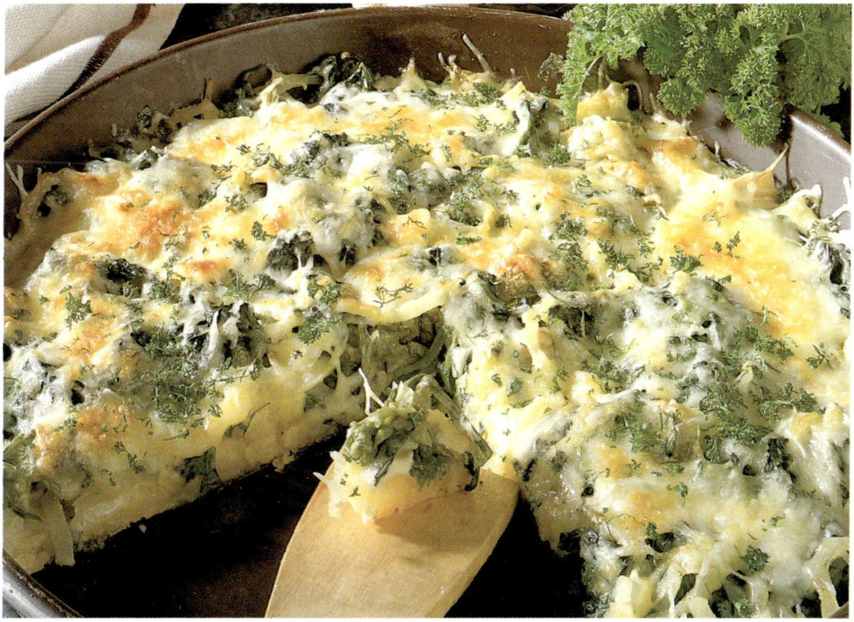

Lachsschinken-Porree-Tarte

- Zubereitungszeit: ca. 1 $\frac{1}{2}$ Std.
- Zeit zum Kühlen: ca. $\frac{1}{2}$ Std.
- ca. 1270 kcal je Portion
- Dazu paßt Federweißer

1 Rezept Mürbeteig (S. 6)
1,5 kg Porree
50 g Margarine
etwas Salz
1 TL Fett für die Form
200 g Lachsschinken
200 g Crème fraîche
4 Eier
100 g geriebener Käse
Pfeffer, Muskat
etwas Margarine in Flöckchen

1. Den Mürbeteig nach Anleitung herstellen. Den Backofen auf 200 °C vorheizen. Den Porree in Ringe schneiden, in 30 g Margarine etwa 15 Minuten dünsten, salzen und abtropfen lassen.

2. Den Teig ausrollen und eine gefettete Springform (28 cm Ø) damit auslegen, einen Rand hochziehen. Den Boden etwa 20 Minuten backen.

3. Den Lachsschinken würfeln, in der restlichen Margarine leicht anbraten und auf dem Teigboden verteilen, den Porree darauf geben. Crème fraîche, Eier und Käse verschlagen, mit Salz, Pfeffer und Muskat würzen und über den Porree gießen.

4. Die Tarte mit Margarineflöckchen besetzen und in etwa 30 Minuten fertigbacken.

Geflügeltarte mit Paprika

- Zubereitungszeit: ca 1 ½ Std.

- ca. 660 kcal je Portion

- Dazu paßt Erbsengemüse

1 P. TK-Blätterteig, ca. 300 g
(Vorbereitung S. 7)
400 g gegartes Hühner- oder
Putenfleisch
4 rote Paprikaschoten
100 g Schinkenspeck
2 EL Butter
je 1 Prise Salz und frisch gemahlener
Pfeffer
3 Eier
250 g süße Sahne

1. Den Blätterteig nach Anleitung vorbereiten. Das Geflügelfleisch in kleine Würfel, die Paprikaschoten in kleine Stücke schneiden.

2. Den Schinkenspeck in dünne Streifen schneiden und in der Butter glasig braten. Die Paprikastücke dazugeben und alles bei geschlossenem Deckel 10 Minuten schmoren lassen. Salz und Pfeffer hinzufügen.

3. Den Blätterteig ausrollen und eine mit Wasser ausgespülte Tarte- oder Springform damit auslegen. Den Teig 15 Minuten ruhen lassen.

4. Den Backofen auf 220 °C vorheizen. Das Geflügelfleisch unter das fast erkaltete Gemüse mischen und den Belag auf dem Teig verteilen. Die Eier mit der Sahne verrühren, die Masse über den Belag gießen und die Tarte etwa 30 Minuten backen.

33

Hähnchentarte

■ Zubereitungszeit: ca. 1 ¹/₂ Std.

■ Zeit zum Kühlen: ca. ¹/₂ Std.

■ ca. 880 kcal je Portion

■ Dazu paßt Feldsalat

1 Rezept Mürbeteig (S. 6)
4 EL Sultaninen
¹/₂ gebratenes Hähnchen, von den
Knochen abgelöst
2 Orangen
2 EL gehackte Mandeln
1 TL Fett für die Form
200 g Crème fraîche
3 Eier
1 EL Speisestärke
je 1 Msp. Ingwer und Curry
Pfeffer und Salz nach Geschmack

1. Den Mürbeteig nach Anleitung herstellen. Die Sultaninen in warmem Wasser quellen lassen. Das Hähnchenfleisch in mundgerechte Stücke teilen. Die Orangen filetieren und die Filets in Stücke schneiden. Das Fleisch, die Orangen, die abgetropften Sultaninen und die Mandeln miteinander mischen. Den Backofen auf 200 °C vorheizen.

2. Den Teig ausrollen und eine gefettete Tarte- oder Springform damit auslegen, einen Rand hochziehen. Den Teigboden mehrmals mit einer Gabel einstechen. Die Hähnchenmischung darauf verteilen.

3. Die Crème fraîche mit Eiern, Speisestärke und Gewürzen verquirlen, salzen und die Masse gleichmäßig auf dem Belag verteilen. Die Hähnchentarte etwa 50 Minuten backen.
(auf dem Foto oben)

Hähnchen-Schinken-Tarte

■ Zubereitungszeit: ca. 1 Std.

■ Zeit zum Kühlen: ca. ¹/₂ Std.

■ ca. 1170 kcal je Portion

■ Dazu paßt ein Salat mit frischen Kräutern

1 Rezept Mürbeteig (S. 6)
1 große Zwiebel, 2 ¹/₂ EL Butter
1 Bund Petersilie, 100 g Champignons
Saft einer ¹/₂ Zitrone
etwa 750 g gegrilltes oder gebratenes
Hähnchenfleisch, in Würfeln
100 g gekochter Schinken, in Streifen
5 Tropfen Tabasco, 1 Msp. Muskat
1 TL Worcestersauce
1 TL Fett für die Form, 200 g Crème fraîche
4 Eier, 2 TL Speisestärke
je 1 Msp. Curry, Paprika und Salz
einige Ananasstücke und etwas
Petersilie zum Garnieren

1. Mürbeteig nach Anleitung herstellen. Zwiebel kleinschneiden und in der Butter glasig dünsten. Backofen auf 200 °C vorheizen. Petersilie kleinhacken, Pilze feinblättrig schneiden und mit Zitronensaft beträufeln, alles mit Hähnchenfleisch und Schinken mischen und mit Tabasco, Muskat und Worcestersauce abschmecken.

2. Den Teig ausrollen und in eine gefettete Tarte- oder Springform legen, einen Rand hochziehen. Den Teigboden mehrmals einstechen und 10 Minuten vorbacken.

3. Crème fraîche mit Eiern, Speisestärke und Gewürzen verrühren, salzen. Den Belag auf dem Tarteboden verteilen, den Guß darüberstreichen und 15 Minuten weiterbacken. Mit Ananasstücken und Petersilie garnieren.
(auf dem Foto unten)

BRAUCHT ZEIT · EXOTISCH

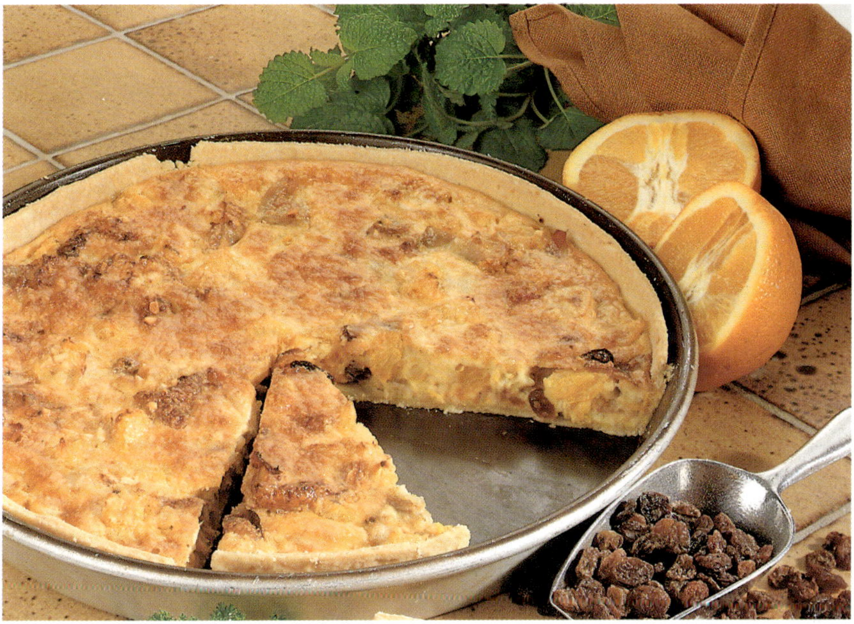

BRAUCHT ZEIT · PIKANT

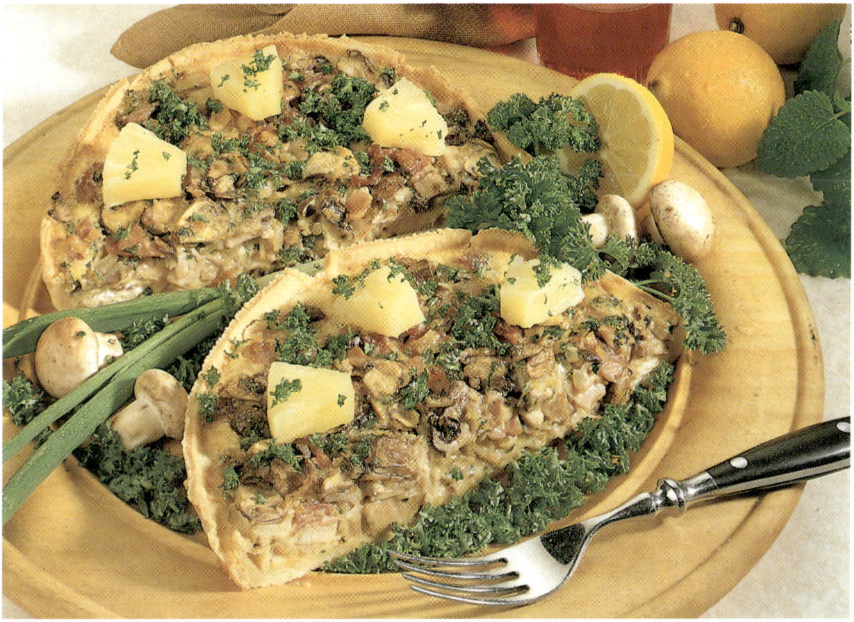

Roqueforttarte

■ Zubereitungszeit: ca. 1 Std.

■ Zeit zum Kühlen: ca. $1/2$ Std.

■ ca. 790 kcal je Portion

■ Dazu paßt französischer Rotwein

> 1 Rezept Mürbeteig (S. 6)
> 1 TL Fett für die Form
> 125 g Roquefort-Käse
> 250 g Magerquark
> 250 g Milch, 3 Eier
> 1 Prise Salz
> einige Erdbeeren und Weintrauben,
> etwas Roquefort-Käse zum Garnieren

1. Den Mürbeteig nach Anleitung zubereiten, ausrollen und eine gefettete Spring- oder Tarteform damit auslegen, einen Rand hochziehen und den Teig mehrmals einstechen. Den Backofen auf 200 °C vorheizen.

2. Den Roquefort zerkrümeln, den Quark daruntermischen und die Käsemasse gleichmäßig auf dem Teigboden verteilen. Die Milch mit den Eiern und Salz verrühren und über die Käsemasse gießen. Die Tarte etwa 40 Minuten backen. Mit Erdbeeren, Weintrauben und Käseherzen garnieren.

Schinken-Käse-Tarte

■ Zubereitungszeit: ca. 1 Std.

■ ca. 500 kcal je Portion

■ Dazu paßt ein Bauernsalat

> 1 P. TK-Blätterteig, ca. 300 g
> (Vorbereitung S. 7)
> 200 g feingewürfelter, gekochter
> Schinken
> 2 Eier, 250 g saure Sahne
> $1/2$ TL Salz
> 125 g geriebener Emmentaler
> $1/2$ TL gemahlener Kümmel
> 1 Msp. Paprikapulver
> einige saure Gurken sowie Tomaten-
> und Ei-Scheiben zum Garnieren

1. Den Blätterteig nach Anleitung vorbereiten, ausrollen und eine mit kaltem Wasser ausgespülte Tarte- oder Springform damit auslegen. 15 Minuten ruhen lassen. Den Backofen auf 200 °C vorheizen.

2. Schinkenwürfel auf dem Teig verteilen. Eier verquirlen, Sahne, Salz, Käse und Gewürze darunterrühren, auf dem Schinken verteilen und alles 30 bis 35 Minuten backen. Mit Gurken, Tomaten- und Ei-Scheiben garnieren.

Bunte Käsetarte

▨ Zubereitungszeit: ca. 1 Std.

▨ ca. 480 kcal je Portion

▨ Dazu paßt ein leichter trockener Weißwein

> 1 P. TK-Blätterteig, ca. 300 g
> (Vorbereitung S. 7)
> 200 g Käsereste
> etwa 10 gefüllte Oliven
> 4 EL eingelegte Paprikastreifen
> 2 Eier, 125 g süße Sahne
> 1 Msp. Salz, 1 EL Paprikamark

1. Den Blätterteig nach Anleitung vorbereiten, ausrollen und eine mit kaltem Wasser ausgespülte Tarte- oder Springform damit belegen. 15 Minuten ruhen lassen. Den Backofen auf 200 °C vorheizen.

2. Die Käsereste in kleine Würfel, die Oliven in feine Scheiben und die gut abgetropften Paprikastreifen in kleine Stücke schneiden. Alles auf dem Teig verteilen.

3. Die Eier mit Sahne, Salz und Paprikamark verrühren und die Masse auf den Belag streichen. Die Tarte in etwa 30 Minuten hellbraun backen.

Krabbentarte

▨ Zubereitungszeit: ca. 1 ¹/₄ Std.

▨ Zeit zum Kühlen: ca. ¹/₂ Std.

▨ ca. 700 kcal je Portion

▨ Dazu paßt ein bunter Salat

> 1 Rezept Mürbeteig (S. 6)
> 1 TL Fett für die Form
> 125 g frische Krabben
> 3 EL gehackter Dill
> 3 Eier, 250 g süße Sahne
> etwas Salz und Pfeffer
> 1 hartgekochtes Ei und einige Oliven in
> Scheiben zum Garnieren

1. Den Mürbeteig nach Anleitung herstellen, ausrollen und eine Tarte- oder Springform damit auslegen. Einen Rand hochdrücken und den Boden mehrmals mit einer Gabel einstechen. Den Backofen auf 200 °C vorheizen.

2. Die Krabben kleinschneiden, auf dem Teigboden verteilen und mit Dill bestreuen. Eier und Sahne verrühren, mit Salz und Pfeffer abschmecken. Die Eicreme über die Krabben gießen und die Tarte etwa 45 Minuten backen. Mit Ei und Oliven garnieren.

Champignontarte mit Schinken

- Zubereitungszeit: ca. 1 ½ Std.
- Zeit zum Kühlen: ca. ½ Std.
- ca. 980 kcal je Portion
- Dazu paßt Eisbergsalat

1 Rezept Vollkornmürbeteig (S. 6)
1 TL Fett für die Form
200 g gekochter Schinken
500 g frische Champignons
1 große Zwiebel, 2 EL Butter
je 1 Prise Salz und Pfeffer
3 EL gehackte Petersilie
250 g süße Sahne
3 Eier
je 1 Prise Salz und Muskat
einige Schinkenstreifen und etwas
Petersilie zum Garnieren

1. Den Vollkornmürbeteig nach Anleitung herstellen und den Schinken in feine Streifen schneiden.

2. Die Champignons in Scheiben, die Zwiebel in Würfel schneiden und beides in der Butter bei starker Hitze schmoren lassen. Den Schinken dazugeben und 2 Minuten mitbraten lassen. Den Backofen auf 200 °C vorheizen. Die Mischung mit Salz und Pfeffer pikant abschmecken, die Petersilie daruntermischen.

3. Den Teig ausrollen und eine gefettete Tarteform damit auslegen. Einen Rand hochziehen, den Teig mehrmals einstechen. Die Pilzmischung darauf geben, die Sahne mit Eiern, Salz und Muskat verrühren und über den Belag gießen. Die Tarte etwa 30 Minuten backen. Mit Schinken und Petersilie garnieren.

Thunfischtarte

⬜ Zubereitungszeit: ca. 1 ¼ Std.

⬜ Zeit zum Kühlen: ca. ½ Std.

⬜ ca. 940 kcal je Portion

⬜ Dazu paßt ein Glas Rotwein

1 Rezept Mürbeteig (S. 6)
300 g Zucchini
1 TL Fett für die Form
200 g Thunfisch au naturel aus der Dose
200 g geriebener Emmentaler
100 g süße Sahne
2 Eier
Salz
schwarzer Pfeffer
2 TL Thymianblättchen

1. Den Mürbeteig nach Anleitung herstellen. Den Backofen auf 200 °C vorheizen. Die Zucchini in dünne Scheiben schneiden und in reichlich kochendem Wasser etwa 2 Minuten blanchieren. Kalt abbrausen und gut abtropfen lassen.

2. Den Teig ausrollen und in eine gefettete Tarteform legen. Einen Rand hochziehen, mehrmals einstechen und etwa 10 Minuten vorbacken.

3. Den Thunfisch abtropfen lassen, zerpflücken und auf dem Boden verteilen. Die Zucchinischeiben dekorativ darauf legen. Den Emmentaler mit der Sahne und den Eiern verquirlen. Die Sauce mit Salz, Pfeffer und Thymian kräftig würzen und über den Thunfisch gießen. Die Tarte in etwa 30 Minuten goldbraun backen.

Hirschtarte
mit grünen Erbsen

▒ Zubereitungszeit: ca. 1 ½ Std.

▒ Zeit zum Kühlen: ca. ½ Std.

▒ ca. 1270 kcal je Portion

▒ Dazu paßt Preiselbeergelee

1 Rezept Mürbeteig (S. 6)
500 g Hirschragoutfleisch in Würfeln
1 EL Mehl
100 g geräucherter Speck in Würfeln
1 große Zwiebel in Ringen, 2 EL Öl
3 Möhren, 100 g Pfifferlinge aus der Dose
3 EL Rotwein, je ½ TL Salz und Pfeffer
100–150 ml Wildfond
250 g Crème fraîche
3 EL Rotweinessig, 1 bis 2 TL süßer Senf
2 Eier, 300 g TK-Erbsen
1 TL Fett für die Form

1. Den Mürbeteig nach Anleitung zubereiten. Fleisch im Mehl wenden und mit Speck- und Zwiebelwürfeln im Öl anbraten.

2. Möhren kleinwürfeln, mit den abgetropften Pfifferlingen zum Fleisch geben, alles mit Rotwein, Salz und Pfeffer zugedeckt 10 Minuten schmoren, durch ein Sieb gießen, Bratflüssigkeit auffangen. Diese mit dem Fond auf 300 ml auffüllen. Mit Crème fraîche und Essig vermischen, mit Senf abschmecken und aufkochen lassen. Vom Herd nehmen, die verquirlten Eier hineinrühren.

3. Erbsen 8 Minuten garen. Den Backofen auf 200 °C vorheizen. Teig ausrollen und eine gefettete Springform damit auslegen. Einen Rand hochziehen und den Boden mehrmals einstechen, Teig etwa 15 Minuten vorbacken. Fleischmischung, Erbsen und Sauce auf dem Boden verteilen. Die Tarte weitere 15 bis 20 Minuten backen.
(auf dem Foto oben)

Winterliche Rehtarte

▒ Zubereitungszeit: ca. 1 ¼ Std.

▒ ca. 1220 kcal je Portion

▒ Dazu passen Orangenscheiben
   und Preiselbeeren

1 Rezept Mürbeteig (S. 6)
800 g geschnetzelte Rehschulter
1 TL Salz
2 kleine gewürfelte Zwiebeln
1 zerdrückte Knoblauchzehe
2 EL Öl, 2 Wacholderbeeren
½ l Fleischbrühe
100 g Crème fraîche
2 EL Tomatenmark
4–6 EL geriebener Lebkuchen oder
geriebenes Schwarzbrot
2 Tropfen Rotweinessig
1 Msp. Suppengewürz
1 EL Fett für die Förmchen
100 g dünngeschnittener Räucherspeck

1. Den Mürbeteig nach Anleitung herstellen. Das Rehgeschnetzelte mit Salz bestreuen und mit Zwiebeln, Knoblauch und Wacholderbeeren in einem Bräter anbraten.

2. Die Fleischbrühe dazugeben und das Fleisch in 15 Minuten langsam garschmoren. Die Sauce auffangen, durchseihen und auf ¼ Liter einkochen lassen. Den Backofen auf 200 °C vorheizen. Crème fraîche und Tomatenmark unter die Sauce rühren, diese mit dem geriebenen Lebkuchen oder Schwarzbrot eindicken und vom Feuer nehmen. Essig und Suppengewürz darunterrühren.

3. Den Teig ausrollen, 8 kleine, gefettete Förmchen damit auslegen. Das Fleisch auf dem Teig verteilen, die Sauce dick darüberstreichen und das Ganze mit dem Räucherspeck belegen. Die Rehtarte etwa 25 Minuten backen.
(auf dem Foto unten)

40

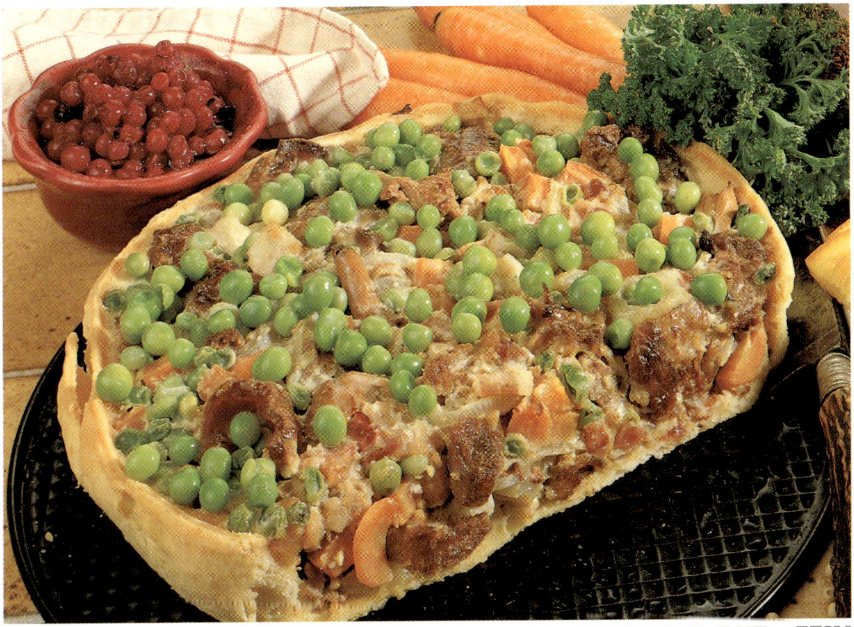

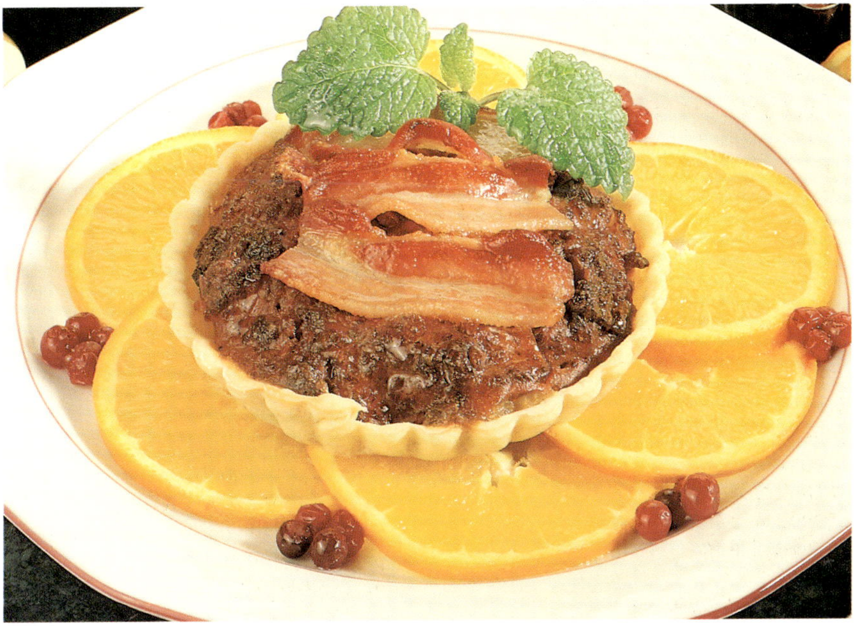

ANDERE PIKANTE KUCHEN

In diesem Kapitel findet sich alles, was sich nicht in die Kategorie »Quiche« oder »Tarte« einordnen läßt.
Hier gibt es beispielsweise würzige Hefefladen und herzhaft gebackene Quarkkuchen mit und ohne Teigboden.

Gemüsekuchen

- Zubereitungszeit: ca. 1 ¼ Std.
- Zeit zum Gehen: ca. 1 Std.
- ca. 780 kcal je Portion
- Dazu paßt italienischer Rotwein

1 Rezept gekneteter Hefeteig (S. 4)
500 g Blattspinat
Salz
2 mittelgroße Zucchini, ca. 400 g
1 Staudensellerie
400 g Brokkoliröschen
2 feingehackte Knoblauchzehen
3 EL Butter oder Margarine
frisch gemahlener Pfeffer
geriebener Muskat
500 g Tomaten
1 EL Fett für das Blech
300 g Mozzarella

1. Den Hefeteig nach Anleitung herstellen. Den Spinat in kochendem Salzwasser kurz blanchieren, gut abtropfen lassen. Die Zucchini mit einem Sparschäler der Länge nach in dünne Streifen, den Sellerie in dünne Scheiben schneiden. Den Backofen auf 200 °C vorheizen.

2. Das Gemüse und den Knoblauch im heißen Fett andünsten. Mit Salz, Pfeffer und Muskat würzen. Die Tomaten überbrühen, enthäuten, von den Stielansätzen befreien und grob würfeln.

3. Den Teig auf einem gefetteten Kuchenblech zu einem Fladen ausrollen. Mit dem Gemüse und den Tomatenwürfeln belegen. Die Mozzarella in Scheiben schneiden und darüberschichten. Den Kuchen etwa 25 Minuten backen.

BRAUCHT ZEIT
ITALIENISCH

Chinakohltorte

■ Zubereitungszeit: ca. 1 ¹/₄ Std.

■ ca. 1000 kcal je Portion

■ Dazu paßt trockener Weißwein

1 Rezept **Quark-Öl-Teig (S. 7)**
1 TL **Fett für die Form**
400 g **Frischkäse**
75 g **Edelpilzkäse**
3 EL **gehackte Kräuter**
75 g **saure Sahne, 1 Ei**
¹/₂ TL **Salz, Pfeffer**
¹/₂ l **Fleischbrühe**
6 große **Chinakohlblätter**
3 Scheiben **Gouda**
3 Scheiben **gekochter Schinken**
einige **Tomatenscheiben**

1. Den Quark-Öl-Teig nach Anleitung herstellen und kalt stellen. Den Ofen auf 200 °C vorheizen.

2. Den Teig zu einem Rechteck ausrollen, von zwei Seiten je ein Drittel überklappen und den Teig erneut ausrollen. Diesen Vorgang dreimal wiederholen, dann den Teig in eine gefettete Springform legen und etwa 10 Minuten vorbacken.

3. Frischkäse, Edelpilzkäse, Kräuter, Sahne, Ei, Salz und Pfeffer verrühren und auf den Tortenboden streichen.

4. Die Fleischbrühe zum Kochen bringen, die Chinakohlblätter darin blanchieren und abtropfen lassen. Je 2 Blätter übereinanderlegen, mit je 1 Scheibe Käse und Schinken belegen, fest aufrollen.

5. Die Rollen in 2 bis 3 cm dicke Scheiben schneiden und diese auf die Käsemasse geben. Tomatenscheiben darauf legen. Die Torte in etwa 20 Minuten fertigbacken.
(auf dem Foto oben)

Bunte Gemüsetorte

■ Zubereitungszeit: ca. 1 ¹/₂ Std.

■ Zeit zum Kühlen: ca. ¹/₂ Std.

■ ca. 1210 kcal je Portion

■ Dazu paßt dunkles Bier

1 Rezept **Vollkornmürbeteig (S. 6)**
1 TL **Fett für die Form**
600 g **Porree, 200 g Möhren**
250 g **Zucchini**
1 kleiner **Blumenkohl (etwa 500 g)**
Salz, 50 g Margarine
Brät von 4 Kalbsbratwürsten
200 g **saure Sahne**
Pfeffer, Muskat
3 Eier, 1 EL **Speisestärke**
50 g **geraspelter Emmentaler**

1. Den Vollkornmürbeteig nach Anleitung herstellen. Den Backofen auf 200 °C vorheizen. Den Teig ausrollen und in eine gefettete Springform legen. Einen Rand hochziehen, den Teig mehrmals einstechen und 10 bis 15 Minuten vorbacken.

2. Den Porree in Ringe, Möhren und Zucchini in Scheiben schneiden. Den Blumenkohl in kleine Röschen teilen und in kochendem Salzwasser blanchieren. Alles in Margarine weichdünsten.

3. Kalbsbrät und 3 Eßlöffel Sahne vermischen, mit Pfeffer, Muskat und Salz abschmecken. Die Masse auf dem Tortenboden verteilen, das Gemüse darauf geben.

4. Die Eier mit der restlichen Sahne verquirlen, die Speisestärke untermengen und mit Muskat, Salz und Pfeffer würzen. Das Ganze über die Torte gießen und sie in 25 bis 30 Minuten fertigbacken. 5 Minuten vor Ende der Backzeit den Emmentaler darüberstreuen.
(auf dem Foto unten)

BRAUCHT ZEIT · PIKANT

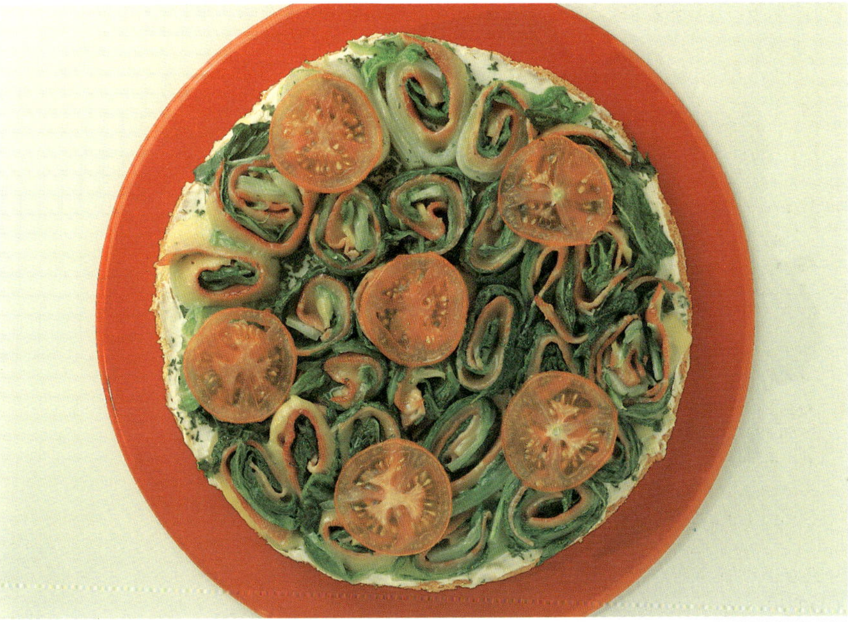

BRAUCHT ZEIT · HERZHAFT

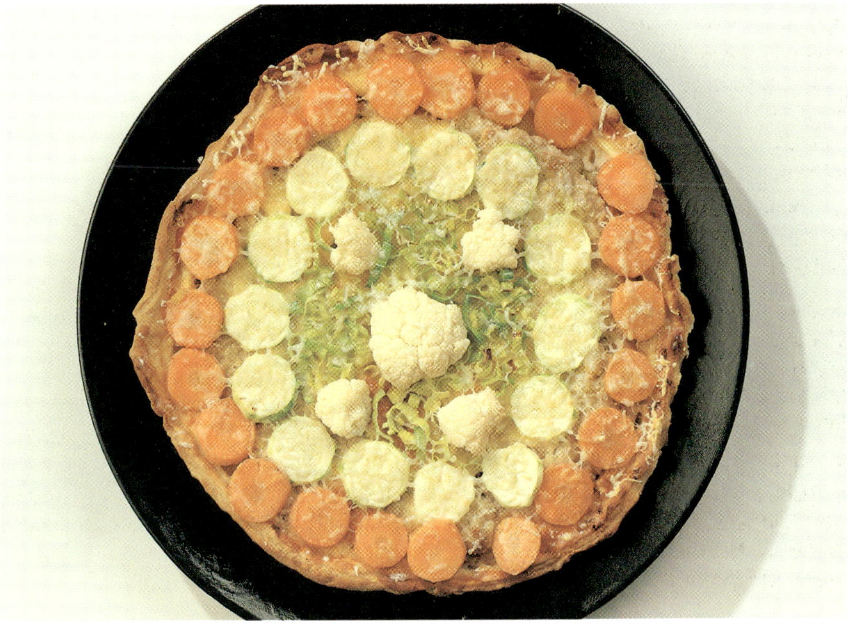

Kartoffel-Champignon-Torte

▨ Zubereitungszeit: ca. 1 ¹/₂ Std.

▨ ca. 210 kcal je Portion

▨ Dazu paßt trockener Weißwein

4 mittelgroße Kartoffeln
150–200 g Steinchampignons
1 große Karotte
1 kleiner Zucchino
1 zerdrückte Knoblauchzehe
150 g Schmand
5 EL Milch
1 TL frische Thymianblättchen
etwas Butter für die Form
etwas Salz
frisch gemahlener Pfeffer
etwas Cayennepfeffer
3 EL geriebener Parmesan

1. Den Backofen auf 200 °C vorheizen. Die Kartoffeln, die Pilze und das Gemüse in sehr dünne Scheiben schneiden.

2. Den Knoblauch mit dem Schmand, der Milch und den Thymianblättchen mischen. Das Ganze gut mit Salz und Pfeffer würzen. Eine kleine Springform (etwa 20 cm Ø) sorgfältig mit etwas Butter ausfetten.

3. Die Kartoffeln immer abwechselnd mit einer Lage Pilze, Karotten und Zucchini schuppenartig einschichten. Dabei mit den Kartoffeln beginnen. Jede Schicht wird mit etwas Knoblauchsahne beträufelt und mit etwas Parmesan bestreut. Den Abschluß bildet eine Lage Kartoffeln.

4. Die Springform fest mit Alufolie verschließen und die Torte 50 bis 60 Minuten backen, während der letzten 10 Minuten ohne Alufolie.

Spanische Fischtortilla

▪ Zubereitungszeit: ca. ³/₄ Std.

▪ ca. 220 kcal je Portion

▪ Dazu paßt trockener Sekt oder Weißwein

250 g gekochte, geschälte Kartoffeln
1 grüne Paprikaschote
2 kleine, feste Tomaten
120 g geräuchertes Makrelenfilet
1 TL Fett für die Form
4 Eier
Paprikapulver
frisch gemahlener Pfeffer
einige Tropfen Tabasco, etwas Salz
einige Zweige glatte Petersilie

1. Die Kartoffeln in längliche Spalten, die Paprikaschote in feine Streifen schneiden. Die Tomaten achteln und vom Stielansatz befreien. Das Makrelenfilet häuten und in mundgerechte Stücke schneiden. Den Backofen auf 180 °C vorheizen

2. Eine Tarte- oder eine Springform ausfetten. Die Eier verquirlen, mit Paprikapulver, Pfeffer und Tabasco würzen, leicht salzen. Die Petersilie in feine Streifen schneiden und unter die Eimasse mischen. Das Ganze in die Form gießen. Kartoffeln, Paprikastreifen, Tomaten und Fisch hineinlegen.

3. Die Fischtortilla etwa 25 Minuten stocken lassen.

Kleine Frischkäsekuchen

- Zubereitungszeit: ca. 1 Std.
- Zeit zum Gehen: ca. 1 Std.
- ca. 660 kcal je Portion
- Dazu paßt Frascati

1 Rezept gekneteter Hefeteig (S. 4)
10 kleine Tomaten
200 g Champignons
100 g eingelegte Peperoni
je 1 rote, gelbe und grüne Paprikaschote
1 EL Pflanzenöl
Salz, Pfeffer, Oregano
1 EL Fett für die Form
150 g Oliven ohne Kern
150 g Frischkäse mit Kräutern
frischer Majoran

1. Den Hefeteig nach Anleitung zubereiten. Die Tomaten häuten, von den Stielansätzen befreien. Champignons und Tomaten sowie Peperoni in Scheiben, die Paprikaschoten in feine Würfel schneiden.

2. Champignons und Paprika 5 Minuten im heißen Öl dünsten, mit Salz, Pfeffer und Oregano würzen.

3. Den Backofen auf 200 °C vorheizen. Den Teig in 4 Teile teilen, zu dünnen, runden Fladen ausrollen. Diese in gefettete Förmchen oder auf ein gefettetes Backblech legen, mit dem gedünsteten Gemüse, Peperoni und Oliven sowie mit den Tomaten belegen. Den Teig nochmals kurz gehen lassen.

4. Die Kuchen 10 bis 15 Minuten backen, danach Frischkäse und Majoran darauf verteilen und das Ganze 5 Minuten überbacken.
(auf dem Foto oben)

Käsekuchen

- Zubereitungszeit: ca. 1 Std.
- Zeit zum Gehen: ca. 1 Std.
- ca. 890 kcal je Portion
- Dazu paßt Tomatensalat

1 Rezept gekneteter Hefeteig (S. 4)
1 EL Margarine für das Blech
2 EL mittelscharfer Senf
12–15 Scheiben Emmentaler
150 g durchwachsener Speck

1. Den Hefeteig nach Anleitung herstellen, ausrollen und ein gefettetes Backblech damit belegen. Den Backofen auf 225 °C vorheizen.

2. Die Teigplatte dünn mit dem Senf bestreichen und dicht mit den Käsescheiben belegen. Den Speck kleinwürfeln und darüberstreuen.

3. Den Teig nochmals aufgehen lassen. Anschließend den Käsekuchen 20 bis 25 Minuten backen.
(auf dem Foto unten)

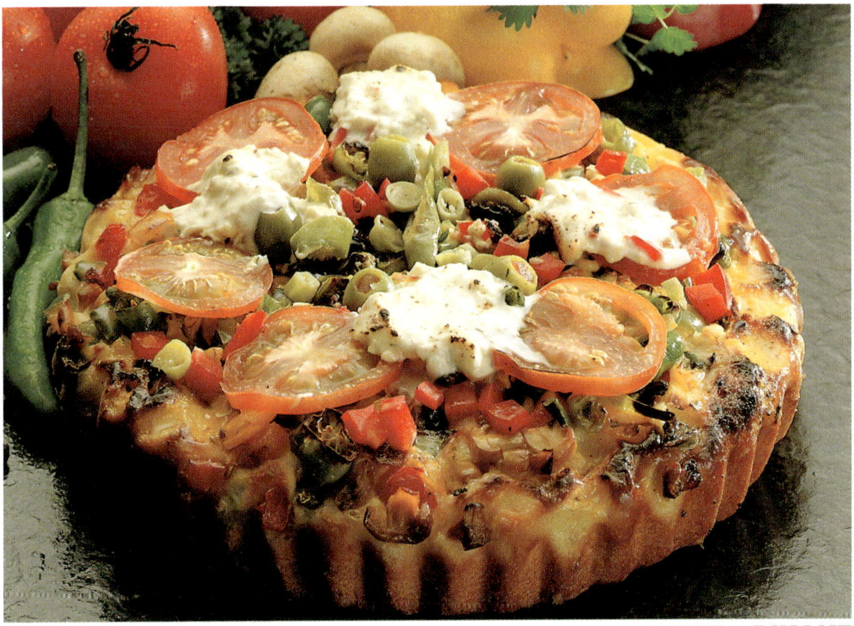

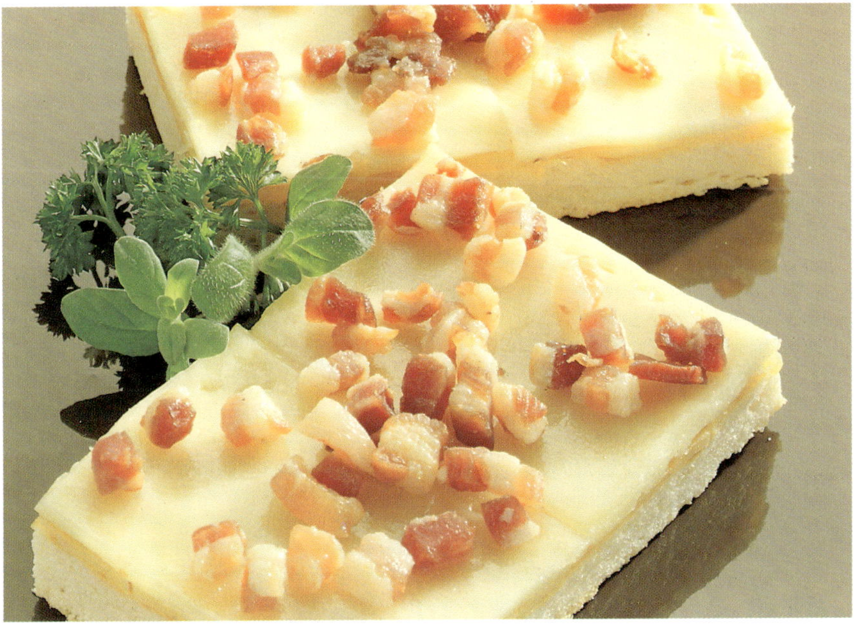

Schafskäsekuchen

▨ Zubereitungszeit: ca. 1 ¹/₂ Std.

▨ ca. 1100 kcal je Portion

▨ Dazu paßt gemischter Blattsalat

1 P. TK-Blätterteig, ca. 300 g
(Vorbereitung S. 7)
500 g Schafskäse
40 g Butter oder Margarine
40 g Mehl
¹/₈ l Weißwein
¹/₄ l Milch
6 Eier
1 Bund feingehackter Schnittlauch
1 Bund feingehackte Petersilie
2 zerdrückte Knoblauchzehen
Salz, Pfeffer, Muskat
1 TL Fett für die Form
2 Eigelb, mit etwas Wasser verrührt
je 1 TL Koriander, Kümmel, Kardamom

1. Den Blätterteig auftauen und je 2 Scheiben auf die Größe einer runden Auflaufform (etwa 26 cm Ø) ausrollen. Den Schafskäse zerbröckeln. Das Fett in einem Topf erhitzen und das Mehl darin anschwitzen. Unter ständigem Rühren mit Weißwein und Milch auffüllen, einmal aufkochen lassen, vom Feuer nehmen und den Schafskäse dazu geben.

2. Die Eier und die Kräuter unterziehen. Die Masse mit Knoblauch, Salz, Pfeffer und Muskat abschmecken. Den Backofen auf 200 °C vorheizen.

3. Die Blätterteigböden abwechselnd mit der Käsesauce schichtweise in die gefettete Auflaufform füllen. Die oberste Blätterteigplatte mit den Eigelben bestreichen und mit den Gewürzen bestreuen. Das Ganze etwa 30 Minuten backen.

Zwiebel-Blätterteig-Kuchen

Zubereitungszeit: ca. 1 ¼ Std.

ca. 980 kcal je Portion

Dazu paßt neuer Wein

1 P. TK-Blätterteig, ca. 300 g
(Vorbereitung S. 7)
200 g roher Schinken in Streifen
2 EL Öl
750 g Zwiebeln in dünnen Scheiben
etwas Mehl zum Ausrollen
4 EL Schnittlauchröllchen
1 Bund gehackte glatte Petersilie
250 g Crème fraîche
5 EL saure Sahne
4 Eier
Salz, Pfeffer, Muskat

1. Den Blätterteig auftauen. Den Schinken in einer sehr großen Pfanne bei milder Hitze anbraten. Öl hinzufügen und Zwiebeln darin glasig braten.

2. Die Hälfte der Teigplatten zu einem Viereck zusammenlegen. Die restlichen ebenso darüberlegen und den Teig zu einem Kreis (30 cm Ø) ausrollen. Den Backofen auf 220 °C vorheizen.

3. Den Teig in eine mit kaltem Wasser ausgespülte Springform (22 cm Ø) legen und einen Rand hochdrücken, den Boden mehrmals mit einer Gabel einstechen. Für 15 Minuten in den Kühlschrank stellen.

4. Die Kräuter mit der Speck-Zwiebel-Mischung gut vermengen. Crème fraîche, saure Sahne und Eier verquirlen, unter die Zwiebelmasse rühren und mit Salz, Pfeffer und Muskat pikant abschmecken. Das Ganze in die Form füllen und etwa 30 Minuten backen.

Pikanterie

- Zubereitungszeit: ca. 1 Std.
- Zeit zum Gehen: ca. 1 Std.
- ca. 610 kcal je Portion
- Dazu paßt herbes Pils

$^1/_2$ Rezept gebröselter Hefeteig (S. 5)
1 TL Fett für die Form
150 g Sild (eingelegter Hering)
300 g Champignons aus der Dose
2 Zwiebeln
100 g Tomatenpaprika aus dem Glas
frisch gemahlener Pfeffer
150 g Gouda

1. Den gebröselten Hefeteig nach Anleitung zubereiten, in eine gefettete Springform geben und 30 Minuten gehen lassen. Den Backofen auf 225 °C vorheizen.

2. Den Sild abgießen, die Champignons in Scheibchen und die Zwiebeln in feine Ringe schneiden. Das Ganze mit dem Tomatenpaprika auf dem Teig verteilen und mit Pfeffer bestreuen.

3. Den Käse in Streifen schneiden und den Kuchen damit belegen. Den Teig nochmals aufgehen lassen. Die Pikanterie 25 bis 30 Minuten backen.
(auf dem Foto oben)

Speck-Tomaten-Kuchen

- Zubereitungszeit: ca. 1 $^1/_2$ Std.
- Zeit zum Kühlen: ca. $^1/_2$ Std.
- ca. 770 kcal je Portion
- Dazu paßt Tomatensalat

1 Rezept Mürbeteig (S. 6)
1 TL Fett für die Form
500 g Tomaten
Salz
frisch gemahlener Pfeffer
125 g durchwachsener Speck
1 Zwiebel
2 Eier
$^1/_8$ l Milch

1. Den Mürbeteig nach Anleitung zubereiten, den Backofen auf 200 bis 225 °C vorheizen. Den Teig in eine gefettete Springform legen, den Rand hochziehen, den Teig mehrmals einstechen und etwa 10 Minuten vorbacken.

2. Die Tomaten von den Stielansätzen befreien und in Scheiben schneiden, auf den Teigboden geben, mit Salz und Pfeffer würzen. Speck und Zwiebel würfeln und darüberstreuen. Die Eier mit der Milch verschlagen, salzen und pfeffern und die Eisauce darübergießen.

3. In 30 bis 40 Minuten fertigbacken.
(auf dem Foto unten)

BRAUCHT ZEIT · PIKANT

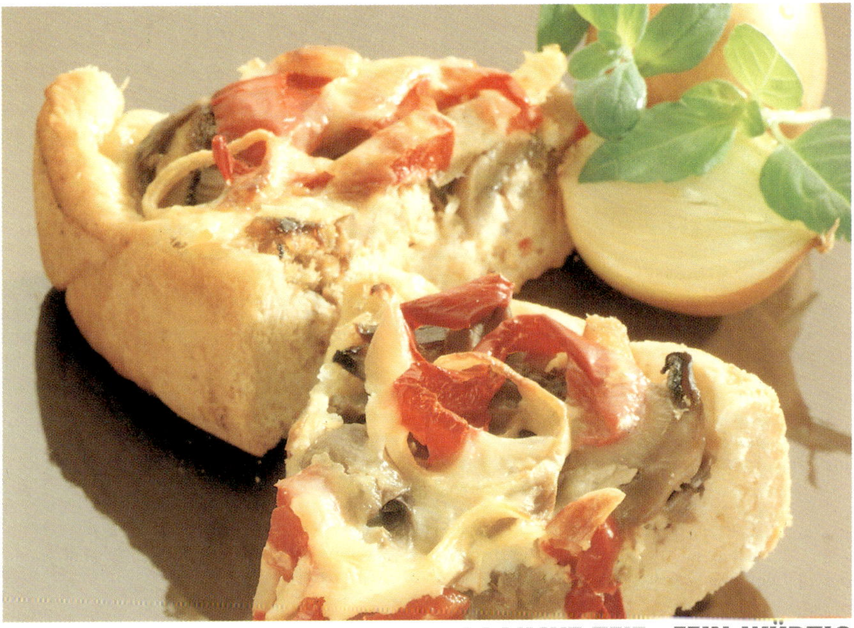

BRAUCHT ZEIT · FEIN-WÜRZIG

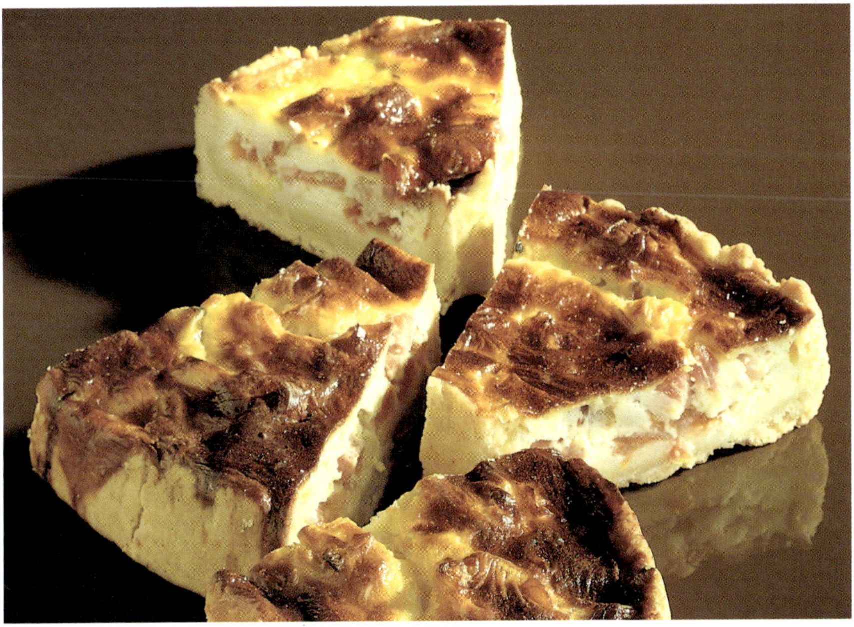

Zwiebel-Salbei-Fladen

- Zubereitungszeit: ca. 1 ½ Std.

- Zeit zum Gehen: ca. 1 Std.

- ca. 810 kcal je Portion

- Dazu paßt kühler Federweißer

1 Rezept Vollkornhefeteig (S. 5)
2 mittelgroße Gemüsezwiebeln
2 EL Öl
1 EL Fett für das Blech
100 g Räucherschinken
10 gehackte Salbeiblättchen
frisch gemahlener Pfeffer
150 g Crème fraîche
1 Ei

1. Den Vollkornhefeteig nach Anleitung zubereiten. Die Zwiebeln in dünne Ringe schneiden und im Öl bei milder Hitze etwa 10 Minuten braten. Den Backofen auf 175 °C vorheizen.

2. Den Teig nochmals kurz durchkneten und zu 4 länglichen Fladen formen. Diese auf ein gefettetes Backblech legen. Den Räucherschinken kleinwürfeln. Die Fladen mit Zwiebeln, Räucherschinken und Salbeiblättchen belegen.

3. Die Crème fraîche mit dem Ei verrühren, kräftig mit Pfeffer würzen und über die Zwiebel-Schinken-Mischung geben. Die Fladen 30 bis 40 Minuten backen.

Chilitörtchen

◌ Zubereitungszeit: ca. 1 Std.

◌ ca. 830 kcal je Portion

◌ Dazu paßt Tsatsiki

1 Rezept gekneteter Hefeteig (S. 4)
2 große Zwiebeln
3 rote Chilischoten
1 grüne Paprikaschote
2 EL Öl
400 g gemischtes Hackfleisch
Salz, frisch gemahlener Pfeffer
75 g geriebener Parmesan

1. Den Hefeteig nach Anleitung zubereiten, zu einer Teigplatte von etwa 30 x 35 cm Größe ausrollen und in 10 gleichmäßige Rechtecke schneiden. Die Teigplatten auf ein mit Backpapier belegtes Blech setzen und jeweils einen schmalen Rand formen.

2. Den Backofen auf 200 °C vorheizen, die Chilischoten und die Paprika kleinwürfeln und im heißen Öl in einer großen Pfanne anschwitzen, dann herausnehmen.

3. Das Hackfleisch in der Pfanne kräftig anbraten und mit dem Gemüse mischen, mit Salz und Pfeffer würzen. Die Masse auf die Teigböden verteilen. Den Parmesan darauf streuen.

4. Die Törtchen etwa 20 Minuten backen.

Tomatenkuchen

■ Zubereitungszeit: ca. 1 Std.

■ Zeit zum Gehen: ca. 1 Std.

■ ca. 280 kcal je Portion

■ Dazu paßt ein leichter Rotwein

¹/₂ Rezept Vollkornhefeteig (S. 5)
250 g passierte Tomaten
1 Gemüsebrühwürfel
3 TL gehackte Kräuter
1 TL Fett für die Form
3 kleine Zwiebeln
3–4 große Fleischtomaten
etwas Olivenöl
etwas gerebelter Oregano
etwas Majoran
einige Blättchen Majoran zum Garnieren

1. Den Vollkornhefeteig nach Anleitung zubereiten. Die passierten Tomaten, den Gemüsebrühwürfel und die Kräuter in einen Topf geben, alles einmal aufkochen lassen. Den Backofen auf 200 °C vorheizen.

2. Den Hefeteig noch einmal durchkneten, dünn ausrollen und in eine gefettete Tarteform legen. Einen Rand hochziehen. Die Tomatensauce darauf verteilen.

3. Die Zwiebeln in feine Ringe, die Fleischtomaten in Scheiben schneiden. Den Teigboden damit belegen.

4. Das Ganze mit etwas Öl beträufeln, mit Oregano und Majoran bestreuen. Den Kuchen 30 bis 40 Minuten backen. Mit Majoranblättchen garnieren.

(auf dem Foto oben)

Lauch-Möhren-Kuchen

■ Zubereitungszeit: ca. 1 ¹/₄ Std.

■ Zeit zum Gehen: ca. 1 Std.

■ ca. 420 kcal je Portion

■ Dazu paßt Edelzwicker

¹/₂ Rezept Vollkornhefeteig (S. 5)
500 g Möhren
4 EL Sonnenblumenöl
¹/₂ TL Salz
1 TL abgeriebene Schale einer
unbehandelten Orange
500 g Lauch
1 EL Sonnenblumenkerne
2 EL ungeschwefelte Rosinen
Koriander
Curry
1 TL Fett für die Form
2 EL Parmesan

1. Den Vollkornhefeteig nach Anleitung zubereiten. Die Möhren raspeln und in 2 Eßlöffel heißem Öl etwa 5 Minuten dünsten. Mit Salz und Orangenschale würzen. Den Backofen auf 200 °C vorheizen.

2. Den Lauch in dünne Ringe schneiden, die Sonnenblumenkerne im restlichen Öl kurz anrösten, den Lauch hinzufügen und alles – möglichst ohne Wasser – auf kleiner Flamme 10 bis 15 Minuten garen. Die gewaschenen Rosinen hinzufügen, die Masse mit Koriander, Curry und etwas Salz würzen.

3. Den Teig noch einmal gut durchkneten. Eine gefettete Tarteform damit auslegen und einen Rand hochziehen. Möhrenraspel und Lauchmischung darauf geben. Mit dem Parmesan bestreuen und etwa 25 Minuten backen.

(auf dem Foto unten)

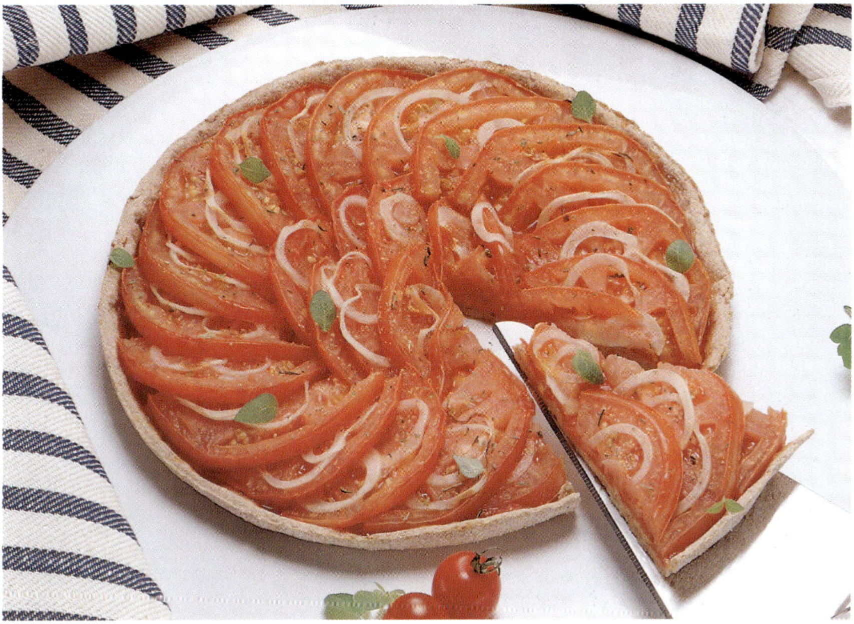

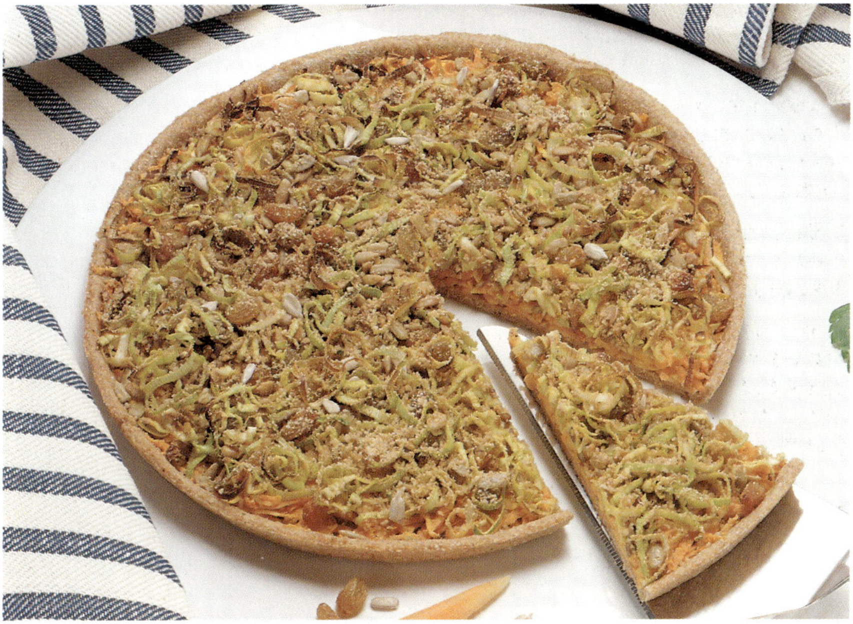

Spinat-Kräuter-Kuchen

- Zubereitungszeit: ca. 1 Std.
- ca. 590 kcal je Portion
- Dazu paßt eine Tomaten- oder Käsesauce

1 mittelgroße Zwiebel
2 EL Butter
500 g frischer Spinat
8 Brötchen
$^{1}/_{4}$ l Gemüsebrühe
je $^{1}/_{2}$ Bund Petersilie, Schnittlauch, Kerbel
und Estragon, feingehackt
2 zerdrückte Knoblauchzehen
1 Tasse Crème fraîche
4 Eier
2–3 EL Vollkornmehl
2–3 EL Semmelbrösel
$^{1}/_{2}$ TL Meersalz
1 EL Butter für die Form

1. Die Zwiebel fein hacken und in der Butter glasig dünsten. Den Spinat zur Zwiebel geben und kurz mitdünsten. Den Backofen auf 220 °C vorheizen.

2. Die Brötchen in der Gemüsebrühe gut zerdrücken. Den Spinat, die Kräuter sowie den Knoblauch dazugeben.

3. Crème fraîche, Eier, Mehl, Semmelbrösel und Salz dazugeben und alles zu einer kompakten Masse verarbeiten.

4. Eine Auflaufform ausfetten, die Spinatmasse hineingeben und 40 bis 45 Minuten backen.

Spinatkuchen

- Zubereitungszeit: ca. 1 ¹/₄ Std.
- Zeit zum Gehen: ca. 1 Std.
- ca. 800 kcal je Portion
- Dazu paßt ein Knoblauch-Dip

1 Rezept gekneteter Hefeteig (S. 4)
1 kg Spinat
etwas Salz
200 g Zwiebeln
10 grüne Oliven ohne Stein
4 EL Olivenöl
2 zerdrückte Knoblauchzehen
80 g gehackte Pinienkerne
frisch gemahlener Pfeffer
1 EL Fett für die Form
1 Eigelb, etwa 6 EL Milch

1. Den Hefeteig nach Anleitung zubereiten. Den Spinat in Salzwasser blanchieren, gut abtropfen lassen. Die Zwiebeln fein würfeln, die Oliven in Ringe schneiden.

2. Das Öl erhitzen. Die Zwiebeln darin glasig dünsten, Knoblauch, Oliven und Pinienkerne hinzufügen. Alles kurz anbraten, salzen und pfeffern, dann abkühlen lassen. Den Spinat gut ausdrücken, mit der Zwiebelmasse mischen. Den Backofen auf 180 °C vorheizen.

3. Den Teig kurz durchkneten und 2 Platten jeweils auf die Größe eines Backblechs ausrollen. Das gefettete Blech mit einer Platte auslegen, den Teig am Rand hochziehen, die Spinatmasse darauf verteilen und mit der anderen Platte abdecken.

4. Das Eigelb mit der Milch verquirlen und die Teigoberfläche damit bestreichen. Das Ganze etwa 30 Minuten backen.

Quarkkuchen mit Salami

Zubereitungszeit: ca. 1 $^3/_4$ Std.

ca. 730 kcal je Portion

Dazu paßt Traubensaft

1 Bund Frühlingszwiebeln
2–3 kleine, gelbe Zucchini
100 g weiche Butter
4 Eier
1 kg Magerquark
70 g feiner Weizengrieß
150 g würzige, harte Salami
1 Bund feingehackte Basilikumblätter
Salz, frisch gemahlener Pfeffer
1 TL Butter für die Form

1. Die Frühlingszwiebeln in feine Ringe schneiden, die Zucchini kleinwürfeln.

2. Beides in 1 Eßlöffel Butter in einer Pfanne unter Rühren anschwitzen. Den Backofen auf 175 °C vorheizen.

3. Die restliche Butter schaumig rühren, nach und nach die Eier, den Quark und den Grieß darunterrühren.

4. Die Salami kleinwürfeln, mit dem Basilikum und dem Gemüse unter die Quarkmasse rühren. Alles mit Salz und Pfeffer würzen.

5. Eine Springform ausfetten und die Quark-Gemüse-Masse hineinfüllen. Den Kuchen etwa 70 Minuten backen.
(auf dem Foto oben)

Kräuter-Quark-Kuchen

Zubereitungszeit: ca. 1 $^3/_4$ Std.

ca. 680 kcal je Portion

Dazu paßt Rotwein

1 rote Paprikaschote
2 Zwiebeln
1 große Gewürzgurke
100 g Butter oder Margarine
4 Eier
1 kg Magerquark
60 g Grieß
200 g gewürfelter, gekochter Schinken
je 1 Bund Dill, Petersilie, Schnittlauch, gehackt
1 P. Kresse
Salz, Pfeffer, Paprika
etwas Knoblauch
2 TL Fett für die Form

1. Paprika, Zwiebeln und Gewürzgurke in kleine Würfel schneiden und in 1 Eßlöffel Fett andünsten, dann abkühlen lassen. Den Backofen auf 175 °C vorheizen.

2. Die restliche Butter oder Margarine schaumig rühren, nach und nach die Eier hinzufügen. Den Quark in einem Tuch ausdrücken. Zusammen mit Grieß, Schinken, Kräutern, Kresse und der Zwiebel-Paprika-Mischung daruntermengen. Salzen und mit den Gewürzen und dem Knoblauch abschmecken.

3. Die Masse in eine gut gefettete Kastenform füllen, glattstreichen und etwa 80 Minuten backen.
(auf dem Foto unten)

ZEITINTENSIV · PIKANT

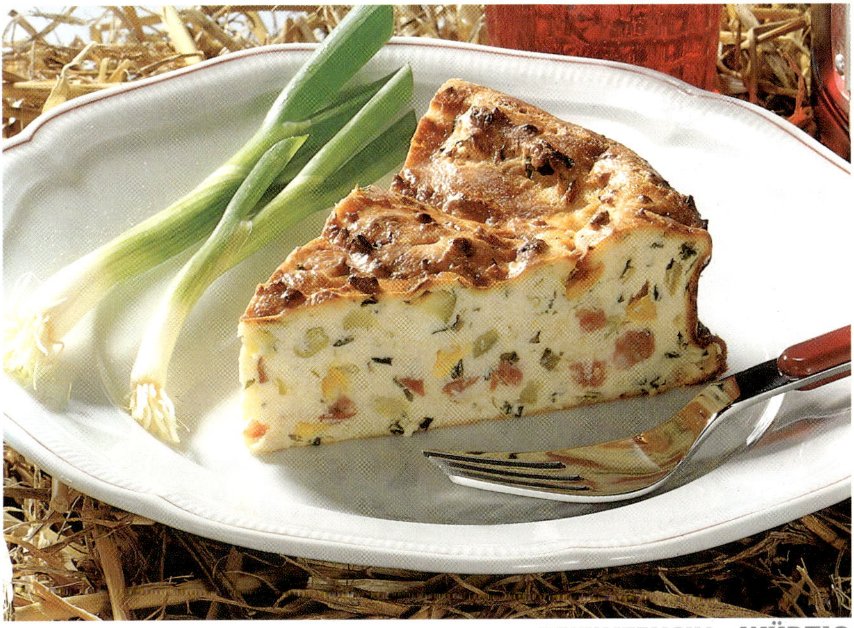

ZEITINTENSIV · WÜRZIG

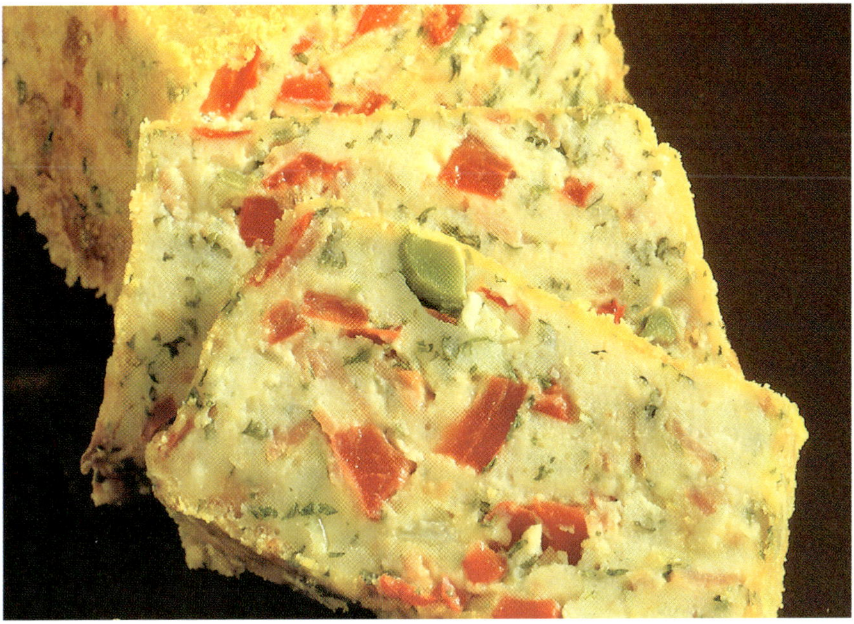

Brotzeittorte

▪ Zubereitungszeit: ca. 1 Std.

▪ ca. 980 kcal je Portion

▪ Dazu paßt Feldsalat

500 g feines Bratwurstbrät
1 zerdrückte Knoblauchzehe
2 Eier, 2 EL Semmelbrösel
Salz, Pfeffer, Cayennepfeffer
1 Prise Muskat
1 Bund feingehackte Petersilie
1 TL Fett für die Form
100 g feingewürfelter, durchwachsener
Speck, 2 EL Butter
2 Zwiebeln in Streifen
1 Stange Lauch in Streifen
2 rote Paprikaschoten in Streifen
je 1 TL Thymian, Majoran
200 g saure Sahne, 2 Eier
125 g geriebener Emmentaler

1 EL mittelscharfer Senf
1 Bund feingeschnittener Schnittlauch

1. Das Brät mit der Knoblauchzehe und den Eiern glattrühren. Mit den Semmelbröseln binden, mit Salz, Pfeffer, Cayennepfeffer und Muskat kräftig würzen und die Petersilie darunterziehen. Eine Springform ausfetten und die Bratwurstmasse darin gleichmäßig verteilen.

2. Den Speck in der Butter anbraten. Zwiebeln, Lauch und Paprika zum Speck geben und 10 Minuten garen.

3. Den Backofen auf 180 °C vorheizen. Mit Thymian, Majoran, Salz und Pfeffer kräftig würzen. Das abgetropfte Gemüse gleichmäßig auf dem Fleischteig verteilen.

4. Saure Sahne, Eier, Emmentaler, Senf und Schnittlauch vermischen, mit Salz und Pfeffer würzen und auf dem Gemüse verteilen. Die Torte etwa 40 Minuten backen.

Unser Tip

Hrsg.: S. von Küster
ISBN: 3-8068-**1851**-7

Hrsg.: S. von Küster
ISBN: 3-8068-**1852**-5

Hrsg.: M. Sauerborn
ISBN: 3-8068-**1950**-5

Von S. Carlsson
ISBN: 3-8068-**1952**-1

Hrsg.: E. Meyer zu Stieghorst
ISBN: 3-8068-**1948**-3

Hrsg.: E. Fuhrmann
ISBN: 3-8068-**1951**-3

Alle Bände durchgehend vierfarbig,
64 Seiten, ca. 50 Farbfotos, kartoniert.
DM 9,90

Stand der Preise 1.6.1997 · Änderungen vorbehalten

Rezeptverzeichnis

Auberginentarte 26
Blätterteig 7
Blumenkohl-Rotbarsch-
 Quiche 18
Brotzeittorte 62
Champignonquiche 14
Champignontarte mit
 Schinken 38
Champignon-Zwiebel-
 Tarte 30
Chilitörtchen 55
Chinakohltorte 44
Fischtortilla, spanische 47
Frischkäsekuchen,
 kleine 48
Geflügeltarte mit Paprika 33
Gemüse-Käse-Quiche 16
Gemüse-Kräuter-Tarte 30
Gemüsekuchen 42
Gemüsequiche mit
 Frischkäse 8
Gemüsetorte, bunte 44
Hähnchen-Schinken-
 Tarte 34
Hähnchentarte 34

Hefeteig, gebröselter 5
Hefeteig, gekneteter 4
Hirschtarte mit grünen
 Erbsen 40
Kalbfleisch-Möhren-
 Tarte 28
Kartoffel-Champignon-
 Torte 46
Käsekuchen 48
Käsequiche, scharfe 10
Käsetarte, bunte 37
Kasseler-Ananas-Tarte 28
Krabbentarte 37
Kräuter-Quark-Kuchen 60
Krauttarte 29
Lachsquiche 15
Lachsschinken-Porree-
 Tarte 32
Lauch-Möhren-Kuchen 56
Lauchquiche 19
Leberwursttarte 29
Möhrentarte 24
Mürbeteig 6
Partyquiches, kleine 20
Pikanterie 52

Pilzquiche 16
Quarkkuchen mit
 Salami 60
Quark-Öl-Teig 7
Quiche, italienische 12
Quiche Lorraine 10
Quiche Ramée 20
Rehtarte, winterliche 40
Roqueforttarte 36
Rosenkohltarte 22
Schafskäsekuchen 50
Schinken-Käse-Tarte 36
Speck-Tomaten-Kuchen 52
Spinat-Kräuter-Kuchen 58
Spinatkuchen 59
Thunfischtarte 39
Tomatenkuchen 56
Tomatenquiche 13
Tomatentarte 27
Vollkornhefeteig 5
Vollkornmürbeteig 6
Zwiebel-Blätterteig-
 Kuchen 51
Zwiebel-Salbei-Fladen 54
Zwiebeltarte 24

Dieses Buch gehört zu einer Kochbuchreihe, die die beliebtesten Themen aus dem Bereich Essen und Trinken aufgreift. Fragen Sie Ihren Buchhändler.

Bei diesem Buch handelt es sich um eine überarbeitete Ausgabe des bereits unter dem Titel »Quiches, Tartes und andere pikante Kuchen« (Nr. 1407) erschienenen Buches.

Dieses Buch wurde auf chlorfrei gebleichtem und säurefreiem Papier gedruckt.

ISBN 3 8068 1959 9

© 1997 by FALKEN Verlag,
65527 Niedernhausen/Ts.

Umschlaggestaltung: Peter Udo Pinzer
Gestaltungskonzeption: Christa-Johanna Gramm
Redaktion dieser Auflage: Marlein Meyer
Herstellung: VerlagsService Dr. Helmut Neuberger
& Karl Schaumann GmbH, Heimstetten
Umschlagfotos: FALKEN Archiv
Fotos: FALKEN Archiv
Satz: Fotosatz Völkl, Puchheim
Druck: Ludwig Auer GmbH, Donauwörth

140700395X817 2635 4453 6271